Inhaltsverzeichnis

Definition Beachte Beispiel

Grundlagen des Verwaltungsprozesses (1)

Gerichtsbarkeiten (Art. 95 I GG)

Ordentliche Gerichte	Arbeitsgerichte	Sozialgerichte	Finanzgerichte	Verwaltungsgerichte
§ 13 GVG	§§ 2 ff. ArbGG	§ 51 SGG	§ 33 FGO	§ 40 I 1 VwGO
▪ bürgerliche Rechtstreitigkeiten ▪ Strafsachen	▪ bürgerliche Rechtsstreitigkeiten zwischen Tarifvertragsparteien oder aus Tarifverträgen ▪ bürgerliche Rechtsstreitigkeiten zwischen Arbeitgeber und Arbeitnehmer u.a.	▪ öffentlich-rechtliche Streitigkeit ▪ nichtverfassungsrechtlicher Art ▪ in bestimmten sozialrechtlichen Verfahren	▪ öffentlich-rechtliche Streitigkeit ▪ nichtverfassungsrechtlicher Art ▪ in bestimmten Abgabenangelegenheiten	▪ öffentlich-rechtliche Streitigkeit ▪ nichtverfassungsrechtlicher Art ▪ keine anderweitige Zuweisung

Grundlagen des Verwaltungsprozesses (2)

Klage-/Verfahrensarten

Anfechtungsklage	Verpflichtungsklage	Fortsetzungsfeststellungsklage	Allgemeine Leistungsklage	Allgemeine Feststellungsklage	Abstrakte Normenkontrolle
§ 42 I Fall 1 VwGO: Aufhebung eines belastenden VA i.S.d. § 35 VwVfG	§ 42 I Fall 2 VwGO: Erlass eines abgelehnten oder unterlassenen VA i.S.d. § 35 VwVfG	§ 113 I 4 VwGO: Feststellung der Rechtswidrigkeit eines erledigten VA i.S.d. § 35 VwVfG	Tun, Dulden oder Unterlassen schlichten Verwaltungshandelns (nicht Erlass oder Aufhebung eines VA)	§ 43 I VwGO: Feststellung ▪ Bestehen/Nichtbestehen eines Rechtsverhältnisses ▪ Nichtigkeit VA	§ 47 I VwGO: ▪ Feststellung d. Unwirksamkeit von bestimmten untergesetzl. Rechtsnormen

Grundlagen des Verwaltungsprozesses (3)

Zulässigkeit einer verwaltungsgerichtlichen Klage

I. Eröffnung des Verwaltungsrechtswegs

- Spezialzuweisung, z.B. § 54 I BeamtStG, § 126 I BBG
- Generalklausel, § 40 I 1 VwGO

II. Statthafte Klage-/Antragsart

- Anfechtungs-/ Verpflichtungsklage, § 42 I VwGO
- Fortsetzungsfeststellungsklage, § 113 I 4 VwGO
- Allgemeine Leistungsklage
- Allgemeine Feststellungsklage, § 43 I VwGO
- Normenkontrolle, § 47 I VwGO

III. Besondere Sachurteilsvoraussetzungen, z.B.

- Klagebefugnis, § 42 II VwGO
- Vorverfahren, § 68 VwGO
- Klagefrist, §§ 74, 58 II VwGO
- Klagegegner, § 78 VwGO

IV. Allgemeine Sachurteilsvoraussetzungen, z.B.

- Beteiligten-, Prozess-, Postulationsfähigkeit, §§ 61 ff. VwGO
- ordnungsgemäße Klageerhebung, §§ 81, 82 VwGO
- allgemeines Rechtsschutzbedürfnis

Verwaltungsrechtsweg (1)

Eröffnung des Verwaltungsrechtswegs

- (Aufdrängende) **Spezialzuweisung** (nur kraft Bundesrechts möglich wg. Art. 74 I Nr. 1, Art. 72 I GG)
  - § 126 I BBG: Klagen aus dem Beamtenverhältnis von Bundesbeamten (§ 1 BBG), immer (+), wenn beamtenrechtliche Vorschrift streitentscheidend, z.B. auch Klagen auf Begründung des Beamtenverhältnisses, sowie für Klagen des Dienstherrn
  - § 54 I BeamtStG: Klagen aus dem Beamtenverhältnis von Landes- und Kommunalbeamten und Beamten der sonstigen der Aufsicht eines Landes unterstehenden Verwaltungsträger (§ 1 BeamtStG)
  - § 6 I UIG: Klagen betr. Umweltinformationen auf Bundesebene (vgl. auch § 6 V UIG)
  - § 54 BAföG: öffentlich-rechtliche Streitigkeiten über Ausbildungsförderung
- **Generalklausel**, § 40 I 1 VwGO
  - öffentlich-rechtliche Streitigkeit
  - nichtverfassungsrechtlicher Art
  - keine ausdrückliche (abdrängende) Sonderzuweisung an ein anderes Gericht (auf dem Gebiet des Landesrechts auch durch Landesgesetz möglich, § 40 I 2 VwGO)
- **Rechtsfolge**: § 173 S. 1 VwGO i.V.m.
  - § 17 II 1 GVG: wenn VRW (+) entscheidet VG auch über rechtswegfremde Ansprüche, außer § 17 II 2 GVG: für Enteignungsentschädigung (Art. 14 III 4 GG) und Amtshaftung (Art. 34 S. 3 GG) zwingend ordentliche Gerichte
  - § 17 a II GVG: wenn VRW (–) Verweisung von Amts wegen mit aufdrängender Wirkung

Verwaltungsrechtsweg (2)

Öffentlich-rechtliche Streitigkeit

- (+), wenn Verwaltungsträger sich **eindeutig** auf hoheitliche Befugnisse stützt
  ☞ Hausverbot durch Verwaltungsakt, Kündigung eines Vertrages durch „Bescheid"
  ⚠ **Die Frage, wie die Behörde hätte handeln müssen, ist keine Frage der Rechtsnatur der Streitigkeit, sondern der Rechtmäßigkeit der Maßnahme!**
  - eindeutig **öffentlich-rechtlich** sind vor allem Maßnahmen der Eingriffsverwaltung (insbes. POR)
  - eindeutig **privatrechtlich** sind Streitigkeiten im Rahmen der Fiskalverwaltung und im Bereich des sog. Verwaltungsprivatrechts, da dort das Privatrecht vom Öffentlichen Recht nur überlagert, aber nicht verdrängt wird (str., a.A. § 40 I 1 VwGO, da bei Verwaltungsprivatrecht auch ör Normen streitentscheidend)
  - bei **Leistungsverwaltung** hat Behörde Wahlrecht, ob sie öffentlich-rechtlich oder privatrechtlich tätig wird (anders bei Handeln durch Private oder private Gesellschaft (GmbH, AG), die grds. nur privat-rechtlich handeln können, ör nur bei Beleihung)
- Im Übrigen richtet sich die **Rechtsnatur der Streitigkeit** nach der **Rechtsnatur des Rechtsverhältnisses**, aus dem der Klageanspruch hergeleitet wird:
  - **Abwehranspruch:** entscheidend ist Rechtsnatur des abzuwehrenden Verwaltungshandelns
  - **Leistungsanspruch:** entscheidend ist Rechtsnatur der möglichen Anspruchsgrundlage
  - **Zwei-Stufen-Theorie** (z.B. Subventionen, Benutzung öffentlicher Einrichtungen):
    - „Ob" (z.B. Bewilligungsbescheid, Zulassungsentscheidung) = öffentlich-rechtlich
    - „Wie" (Abwicklung, z.B. durch Darlehn oder Mietvertrag) = privatrechtlich

Verwaltungsrechtsweg (3)

Öffentlich-rechtliche Streitigkeit (Fortsetzung)

- **Allgemein:** öffentlich-rechtliche Streitigkeit (+), wenn **streitentscheidende Norm** öffentlich-rechtlich
  - bei Zweifeln i.d.R. nach **modifizierter Subjektstheorie** (+), wenn Norm einen Verwaltungsträger gerade in seiner Eigenschaft als Träger hoheitlicher Gewalt berechtigt oder verpflichtet
  - ggf. **Subordinationstheorie**: öffentlich-rechtlich bei Über-/Unterordnungsverhältnis, privatrechtlich bei Gleichordnung
  - ggf. **Interessentheorie**: ör bei Vorschriften, die überwiegend öffentlichen Interessen dienen, Privatrecht, wenn überwiegend Individualinteressen verfolgt werden (nur bedingt brauchbar)

  ⚠ **In Zweifelsfällen: Theorien kombinierbar**

- **Indizien**
  - für **Öffentliches Recht**: Bescheid, Zwangsmittel, Satzung, Gebühr
  - für **Privatrecht**: Vertrag, AGB, Entgelt
  - **Sachzusammenhang**: Streitigkeit ör, wenn sie mit einem anderen eindeutig als ör einzuordnenden Verwaltungshandeln in engem Zusammenhang steht
    - Betrieb öffentlicher Einrichtungen i.d.R. ör aufgrund Sachzusammenhangs mit öffentlicher Daseinsvorsorge
    - Ehrbeeinträchtigende Äußerungen ör, wenn Sachzusammenhang mit Erfüllung öffentlicher Aufgaben
    - Hausverbot jedenfalls ör, wenn Zusammenhang mit hoheitlichem Handeln besteht (nach a.A. Hausverbot stets ör, da Hausrecht der Sicherung des öffentlichen Widmungszwecks dient)

- **Im Zweifel** handelt Verwaltungsträger öffentlich-rechtlich

Verwaltungsrechtsweg (4)

Nichtverfassungsrechtliche Streitigkeit

- **Doppelte Verfassungsunmittelbarkeit:** Verfassungsrechtlich sind Streitigkeiten grds. nur, wenn sie in formeller und materieller Hinsicht verfassungsrechtlichen Charakter haben, d.h.
  - Streitigkeiten zwischen **Verfassungsorganen** oder sonst unmittelbar am Verfassungsleben beteiligten Rechtsträgern (z.B. Parteien und Fraktionen),
  - bei deren Hauptfrage es um die Auslegung und Anwendung von **Staatsverfassungsrecht** geht (also nicht bei Kommunalverfassungsrecht)

  ⚠ **Streitigkeiten zwischen Bürger und Staat sind grds. nichtverfassungsrechtlicher Art**, auch wenn ein Verfassungsorgan daran beteiligt ist und/oder sich der Bürger auf Grundrechte beruft
- **Ausnahmsweise** reicht materiell-verfassungsrechtliche Streitigkeit aus, wenn das streitige Rechtsverhältnis so entscheidend vom Verfassungsrecht geprägt ist, dass andere Gesichtspunkte vollständig zurücktreten

  ☞ Klage eines Bürgers gegen den Beschluss des Bundestages, einen Untersuchungsausschuss einzusetzen (Art. 44 Abs. 1 GG), Klage gegen den Bundestag auf Änderung eines Gesetzes (Art. 76 ff. GG)
- **Klausurfall: Koalitionsvereinbarungen**
  - Rechtsnatur streitig: nach h.M. verfassungsrechtliche Verträge (a.A. nur politische Vereinbarungen)
  - jedenfalls Parteien unmittelbar am Verfassungsleben beteiligt (Art. 21 GG) und enger Zusammenhang mit Staatsverfassungsrecht ⇨ verfassungsrechtliche Streitigkeit (+), § 40 I 1 VwGO (–), auch Art. 19 IV 2 GG (–), gilt nur für Bürger ⇨ Ansprüche aus Koalitionsvereinbarungen nicht einklagbar

Verwaltungsrechtsweg (5)

Keine (abdrängende) Sonderzuweisung

Besondere Verwaltungsgerichte

- **Sozialgerichte**, § 51 I SGG: insbes. für Sozialversicherungsrecht, soziale Entschädigung und Sozialhilfe
- **Finanzgerichte**, § 33 I FGO: für bestimmte Abgabenangelegenheiten, insbes. solche die der Gesetzgebung des Bundes unterliegen und durch Bundes- oder Landesfinanzbehörden verwaltet werden (nicht bei Kommunalabgaben, für die grds. die allgemeinen Verwaltungsgerichte zuständig sind)

Zivilgerichte

- **Enteignungsentschädigung**, Art. 14 III 3 GG
- **Amtshaftung**, Art. 34 S. 3 GG
- **Aufopferung**, § 40 II 1 Hs. 1 Fall 1 VwGO, auch enteignungsgleicher/enteignender Eingriff (str.)
- **ör Verwahrung**, § 40 II 1 Hs. 1 Fall 2 VwGO
- **Schadensersatzansprüche** aus Verletzung ör Pflichten (außer ör Vertrag), § 40 II 1 Hs. 1 Fall 3 Alt. 1 VwGO, z.B. § 280 BGB analog des Bürgers gegen den Staat

  ⚠ **Ausnahmen: Verwaltungsrechtsweg** bei ör Vertrag (§ 40 II 1 Hs. 1 Fall 3 Alt. 2 VwGO), ausgleichspflichtige Inhaltsbestimmungen i.S.d. Art. 14 I 2 GG (§ 40 II 1 1Hs. 2 VwGO), beamtenrechtliche Ansprüche (§ 40 II 2 VwGO, § 126 I BBG, § 54 I BeamtStG), Ansprüche des Staates gegen den Bürger, Ansprüche des Bürgers gegen den Staat, die nicht auf Geld gerichtet sind (z.B. FBA, Unterlassung oder Erstattung)

Verwaltungsrechtsweg (6)

Keine (abdrängende) Sonderzuweisung (Fortsetzung)

Strafgerichte

- **§§ 23 I, 25 I EGGVG:** bei Maßnahmen einer Justizbehörde auf dem Gebiet der Strafrechtspflege (sog. Justizverwaltungsakte) ⇨ Entscheidung durch OLG
  - Justizbehörden nicht im organisatorischen, sondern im funktionellen Sinne
  - auch bei Polizei, wenn repressiv nach StPO (dagegen § 40 I 1 VwGO, wenn präventiv nach PolG),
  - str. bei doppelfunktionalen Maßnahmen: nach h.M. entscheidet Art, Zweck und Schwerpunkt der Maßnahme (a.A. zwei Akte: sowohl Maßnahme der Gefahrenabwehr als auch der Strafverfolgung)
  - **Klausurfall: Erkennungsdienstliche Maßnahmen**
    - zur Verhütung von Straftaten präventiv nach PolG ⇨ § 40 I 1 VwGO
    - zur Durchführung des Strafverfahrens repressiv nach § 81 b Alt. 1 StPO ⇨ § 98 II 2 StPO analog, §§ 23 ff. EGGVG subsidiär (§ 23 III EGGVG)
    - für Zwecke des Erkennungsdienstes nach § 81 b Alt. 2 StPO (Strafverfolgungsvorsorge): nach h.M. schwerpunktmäßig präventiv ⇨ § 40 I 1 VwGO, a.A. betreffen Maßnahmen künftiges Strafverfahren, daher repressiv
- **§ 68 OWiG:** Entscheidung über Einspruch gegen Bußgeldbescheid: Amtsgericht

Anfechtungsklage (1)

Zulässigkeit der Anfechtungsklage

I. Verwaltungsrechtweg

- Aufdrängende Spezialzuweisung, z.B. § 126 I BBG, § 54 I BeamtStG
- Generalklausel, § 40 I 1 VwGO

II. Statthaftigkeit der Anfechtungsklage

§ 42 I Fall 1 VwGO: wenn der Kläger die Aufhebung eines Verwaltungsakts (VA) durch das Verwaltungsgericht begehrt (§ 113 I 1 VwGO)

III. Besondere Sachurteilsvoraussetzungen

- Klagebefugnis, § 42 II VwGO
- Vorverfahren, § 68 I VwGO
- Klagefrist, §§ 74 I, 58 II VwGO
- Beklagter, § 78 VwGO

IV. Allgemeine Sachurteilsvoraussetzungen, z.B.

- Beteiligten-, Prozess-, Postulationsfähigkeit, §§ 61 ff. VwGO
- ordnungsgemäße Klageerhebung, §§ 81, 82 VwGO
- allgemeines Rechtsschutzbedürfnis

Anfechtungsklage (2)

Statthaftigkeit der Anfechtungsklage

- Vorliegen eines **Verwaltungsakts** (VA) i.S.d. § 35 VwVfG, also bei hoheitlicher Maßnahme einer Behörde auf dem Gebiet des öffentlichen Rechts zur Regelung eines Einzelfalls mit Außenwirkung, auch bei Allgemeinverfügungen (§ 35 S. 2 VwVfG);
- **nicht** bei Realakten und sonstigem schlichten Verwaltungshandeln (z.B. Warnungen, Hinweisen), verwaltungsrechtlichen Willenserklärungen (z.B. Aufrechnung) oder verwaltungsinternen Maßnahmen (z.B. fachaufsichtlichen Weisungen, Umsetzung eines Beamten, anders bei Versetzung oder Abordnung = VA);
- sog. **formeller VA** ausreichend, wenn behördliche Maßnahme eindeutig als VA erlassen wurde;
- auch beim **VA mit Doppelwirkung**, z.B. Baugenehmigung, die den Bauherrn begünstigt und den Nachbarn belastet;
- auch beim **nichtigen VA** (§ 44 VwVfG) ⇨ Anfechtungsklage neben Nichtigkeitsfeststellungsklage (§ 43 I Alt. 2 VwGO) möglich, die auch nicht subsidiär ist (§ 43 II 2 VwGO);
- **nicht** bei **Nichtakten** (z.B. Unwirksamkeit des VA mangels wirksamer Bekanntgabe gem. §§ 43 I, 41 VwVfG) ⇨ allgemeine Feststellungsklage, § 43 I Alt. 1 VwGO;
- **keine vorbeugende Anfechtungsklage**, wenn VA noch nicht erlassen ist;
- ebenso keine Anfechtungsklage nach **Erledigung** (§ 43 II VwGO), da VA nicht mehr aufgehoben werden kann (nach a.A. fehlt Rechtschutzbedürfnis) ⇨ Anfechtungsklage unzulässig, ggf. Fortsetzungsfeststellungsklage, § 113 I 4 VwGO ⇨ 🗗 37 ff.

Anfechtungsklage (3)

Statthaftigkeit der Anfechtungsklage (Fortsetzung)

Umstritten ist die **Statthaftigkeit** der (isolierten) **Anfechtungsklage gegen Nebenbestimmungen** zum VA (§ 36 VwVfG)

- **Meinung 1: stets Verpflichtungsklage** auf uneingeschränkte Begünstigung, da es um die Erweiterung einer Rechtsposition geht;
- **Meinung 2:** nach **Art der Nebenbestimmung**: Anfechtungsklage nur bei Auflagen und Auflagenvorbehalt als selbstständige VAe; bei Befristung, Bedingung und Widerrufsvorbehalt als integrierte Bestandteile des Haupt-VA dagegen Verpflichtungsklage;
- **Meinung 3:** nach **Art des Haupt-VA**: Anfechtungsklage nur bei gebundener Entscheidung, bei Ermessensentscheidung Verpflichtungsklage, da andernfalls der Ermessensspielraum der Behörde verkürzt würde, wenn ihr ein „ungewollter" Restakt aufgedrängt wird;
- **Meinung 4: stets Anfechtungsklage**, wenn Haupt-VA und Nebenbestimmung logisch/prozessual teilbar, Verpflichtungsklage nur, wenn isolierte Aufhebung von vornherein und offensichtlich ausscheidet (z.B. bei Inhaltsbestimmungen und sog. modifizierenden Auflagen) – heute h.Rspr.
- **Stellungnahme**: Für Meinung 4 spricht Wortlaut des § 113 I 1 VwGO („soweit"), der außerdem verdeutlicht, dass die Teilbarkeit keine Frage der Zulässigkeit, sondern der Begründetheit ist.

⚠ **Sind Haupt-VA und Nebenbestimmung zwar logisch, aber nicht materiell teilbar, ist die Anfechtungsklage zulässig, aber unbegründet!**

Anfechtungsklage (4)

Gegenstand der Anfechtungsklage

- Gegenstand der Anfechtungsklage ist grds. der **ursprüngliche VA** in der Gestalt, die er durch den Widerspruchsbescheid gefunden hat, § 79 I Nr. 1 VwGO. Findet nach § 68 Abs. 1 S. 2 VwGO kein Widerspruchsverfahren statt (s.u. ⧉ 81), ist Klagegegenstand begriffsnotwendig nur der Ausgangsbescheid.
- Der **Widerspruchsbescheid** kann isoliert angefochten werden,
  - wenn er eine **erstmalige Beschwer** enthält, § 79 I Nr. 2 VwGO;

    ☞ Auf den Widerspruch des Nachbarn wird die dem Bauherrn erteilte Baugenehmigung aufgehoben. Der Bauherr kann isoliert gegen den Abhilfe- bzw. Widerspruchsbescheid klagen, nach dessen Aufhebung lebt die Baugenehmigung wieder auf.
  - wenn und soweit er gegenüber dem ursprünglichen VA eine zusätzliche **selbstständige Beschwer** enthält, § 79 II 1 VwGO;

    ☞ Auf den Widerspruch des Adressaten ist der angefochtene VA verschärft worden (sog. reformatio in peius). Der Adressat kann sich auf die Anfechtung des Widerspruchsbescheides beschränken.
  - bei Verletzung einer **wesentlichen Verfahrensvorschrift**, sofern der Widerspruchsbescheid auf dieser Verletzung beruht, § 79 II 2 VwGO; **Kausalität** nach h.M. nur bei Ermessensentscheidungen oder Beurteilungsspielraum; nach a.A. auch bei gebundenen Entscheidungen; für h.M. spricht: RSB nur bei Ermessensakten, bei denen Widerspruchsbehörde weitergehende Befugnisse als das Verwaltungsgericht hat (Widerspruchsbehörde prüft nicht nur Rechtmäßigkeit, sondern auch Zweckmäßigkeit, § 68 I 1 VwGO).

    ☞ Anhörungsverstoß (§ 71 VwGO), Nichtdurchführung des Abhilfeverfahrens (§ 72 VwGO), Entscheidung durch unzuständige Behörde (§ 73 VwGO, Verwerfung eines fristgerechten Widerspruchs als unzulässig (§ 70 VwGO)

Anfechtungsklage (5)

Annexanträge

- **§ 113 I 2 VwGO**, wenn VG neben Aufhebung des VA auch Rückgängigmachung der Vollziehung aussprechen soll:
  - **Annexantrag** zur Anfechtungsklage, entweder als Leistungsantrag (wenn Rückgängigmachung durch schlichtes Verwaltungshandeln) oder als Verpflichtungsantrag (wenn für Rückgängigmachung VA erforderlich)
  - gerichtet auf Beseitigung der **unmittelbaren Vollzugsfolgen** des angefochtenen VA

    ☞ Rückzahlung des Geldes bei Leistungsbescheid, Rückgabe der Sache nach Sicherstellung, Räumungsverfügung nach Einweisung von Obdachlosen, Beseitigungsverfügung nach Aufhebung der Baugenehmigung
  - nur zulässig, wenn Behörde zur Folgenbeseitigung in der Lage und diese Frage spruchreif ist, § 113 I 3 VwGO

⚠ **Prozessuale Konsequenz:** Für Zulässigkeit des Annexantrages gelten nur § 113 I 2 u. 3 VwGO, keine weiteren besonderen Sachurteilsvoraussetzungen (insbes. kein besonderes Antrags- oder Widerspruchsverfahren), nach h.M. ist § 113 I 2 VwGO lex specialis zu § 44 VwGO

  ⚠ **§ 113 I 2 VwGO ist keine selbstständige materielle Anspruchsgrundlage, sondern nur prozessuale Durchsetzung des gewohnheitsrechtlich anerkannten Vollzugs-FBA**

- **§ 113 IV VwGO:** sonstige Annexanträge, wenn neben der Aufhebung eines VA eine Leistung verlangt werden kann

  ☞ Anfechtungsklage eines Beamten gegen eine sofort vollziehbare Entlassung mit Annexantrag auf Nachzahlung der Beamtenbezüge

Anfechtungsklage (6)

Besondere Sachurteilsvoraussetzungen der Anfechtungsklage

Klagebefugnis, § 42 II VwGO

Kläger muss geltend machen, möglicherweise in einem subjektiven (Abwehr-)Recht verletzt zu sein

- wenn einfach-gesetzliche Vorschrift zumindest auch dem Schutz von Individualinteressen des Klägers zu dienen bestimmt ist (Schutznormtheorie) s. 🗗 44 ff.
- aus Grundrechten (Subsidiarität, Anwendungsvorrang des einfachen Rechts)

Vorverfahren, § 68 I VwGO

Kläger muss grds. ordnungsgemäß (insbes. form- und fristgerecht) und erfolglos Anfechtungswiderspruch erhoben haben, es sei denn

- gesetzliche Ausnahme vom Vorverfahren, § 68 I 2 Hs. 1 VwGO, s. 🗗 81
- VA einer obersten Bundes-/Landesbehörde, § 68 I 2 Nr. 1 VwGO, inbes. bei ministeriellen Entscheidungen,
- erstmalige Beschwer durch Abhilfe-/Widerspruchsbescheid, § 68 I 2 Nr. 2 VwGO,
- Untätigkeitsklage unter den Voraussetzungen des § 75 VwGO,
- Vorverfahren entbehrlich, wenn Zweck des Vorverfahrens auf andere Weise erreicht oder nicht mehr erreicht werden kann (z.B. rügelose Einlassung der Widerspruchsbehörde im Prozess bei gebundener Entscheidung, str.). 🗗 47

Anfechtungsklage (7)

Besondere Sachurteilsvoraussetzungen der Anfechtungsklage (Fortsetzung)

Klagefrist, § 74 I VwGO

- **§ 74 I 1 VwGO**: ein Monat nach Zustellung des Widerspruchsbescheides, wenn Vorverfahren stattfindet, für Zustellung gilt VwZG (§ 73 III 2 VwGO), s. 50 f.
- **§ 74 I 2 VwGO**: ein Monat nach Bekanntgabe des VA, wenn kein Vorverfahren erforderlich, insbes. in den Fällen des § 68 I 2 VwGO, s. 52
- **§ 58 II VwGO**: wenn Rechtsbehelfsbelehrung fehlt oder unrichtig ist, s. 53

Klagegegner, § 78 VwGO

- **§ 78 I Nr. 1 VwGO**: Bund, Land, Körperschaft, deren Behörde den angefochtenen VA erlassen hat (Rechtsträgerprinzip)
- **§ 78 I Nr. 2 VwGO**: Behörde, wenn dies durch Landesrecht bestimmt ist (Behördenprinzip)
- **§ 78 II VwGO**: bei isolierter Anfechtung des Widerspruchsbescheides der Rechtsträger der Widerspruchsbehörde (§ 78 I Nr. 1 VwGO) oder (sofern durch Landesrecht bestimmt) die Widerspruchsbehörde selbst (§ 78 I Nr. 2 VwGO)

Anfechtungsklage (8)

Begründetheit der Anfechtungsklage

Obersatz: Die Anfechtungsklage ist begründet, soweit der Verwaltungsakt rechtswidrig und der Kläger dadurch in seinen Rechten verletzt ist (§ 113 I 1 VwGO).

I. Rechtswidrigkeit des VA

1. Ermächtigungsgrundlage

- erforderlich nach dem Grundsatz vom Vorbehalt des Gesetzes (Demokratieprinzip, Rechtsstaatsprinzip, Art. 20 I u. III GG) für belastende Maßnahmen und wesentliche Entscheidungen
- für Handlungsform des Verwaltungsaktes (sog. VA-Befugnis)
- bei Zweifeln: Wirksamkeit der Ermächtigungsgrundlage (Verfassungsmäßigkeit)

2. Formelle Rechtmäßigkeit

- Zuständigkeit (sachlich, örtlich, instanziell)
- Verfahren, insbes. Anhörung (§ 28 VwVfG)
- Form und Begründung (§§ 37, 39 VwVfG)

} ggf. Heilung, § 45 VwVfG
Unbeachtlichkeit, § 46 VwVfG

3. Materielle Rechtmäßigkeit

- Voraussetzungen der Ermächtigungsgrundlage
- Allgemeine Rechtmäßigkeitsanforderungen (insbes. Bestimmtheit u. Verhältnismäßigkeit)
- Rechtsfolge:
  - gebundene Entscheidung: gerichtlich voll überprüfbar (Ausn. Beurteilungsspielraum)
  - Ermessensentscheidung: Überprüfung nur auf Ermessensfehler, § 114 S. 1 VwGO

Anfechtungsklage (9)

Begründetheit der Anfechtungsklage (Fortsetzung)

II. Rechtsverletzung beim Kläger

- Klage nur bei objektiver Rechtswidrigkeit **und** subjektiver Rechtsverletzung begründet, Bürger hat **keinen allgemeinen Gesetzesvollziehungsanspruch**
- unproblematisch bei **Adressatenklage**: Rechtswidrigkeit führt stets zur Verletzung zumindest von Art. 2 I GG

  ⚠ **Art. 2 I GG nur „Notlösung“, vorrangig sind stets einfach-gesetzliche subjektive Rechte bzw. spezielle Grundrechte (z.B. Art. 12 I, 14 I GG) anzusprechen!**
- Bei **Drittanfechtungsklagen** Rechtsverletzung nur (+) bei Verstoß gegen drittschützende Vorschriften, d.h. Vorschriften, die zumindest auch den Individualinteressen des Bürgers zu dienen bestimmt sind **(Schutznormtheorie)** – wie bei Klagebefugnis ⧉ 43

  ⚠ **Aufbauhinweis bei Drittanfechtung** (z.B. Nachbarklage im Baurecht):

  – objektiv-rechtlicher Aufbau: Rechtswidrigkeit wird vor Rechtsverletzung geprüft,
  ⇨ dagegen spricht: Prüfung der nicht drittschützenden Vorschriften überflüssig

  – subjektiv-rechtlicher Aufbau: Rechtmäßigkeit wird gezielt auf Verstoß gegen drittschützende Vorschriften geprüft, Klage nur begründet, wenn Kläger einen Anspruch auf Aufhebung des VA hat!

  ⚠ **Formulierungsvorschlag:** *„Die Anfechtungsklage ist gemäß § 113 I 1 VwGO begründet, soweit der Verwaltungsakt rechtswidrig und der Kläger dadurch in seinen Rechten verletzt ist. Bei der hier vorliegenden Drittanfechtungsklage ist das nur der Fall, wenn der angefochtene Verwaltungsakt gegen drittschützende Vorschriften verstößt. ...“*

Begründetheit der Anfechtungsklage (Fortsetzung)

Klausurproblem: Änderung der Tatsachen- oder Rechtslage im Prozess

I. Nachschieben von Gründen durch die Behörde

- Behörde ergänzt im Verwaltungsprozess die vorprozessuale Begründung des VA oder wechselt die Begründung ganz oder teilweise aus (z.B. die Ermächtigungsgrundlage) ⇨ betrifft die materielle RM des VA (anders **Nachholen** der fehlenden Begründung nach § 45 Abs. 1 Nr. 2 VwVfG ⇨ formelle RM)
- grds. zulässig (arg. e §§ 86, 114 S. 2 VwGO)

  ⚠ § 114 S. 2 VwGO hat nur prozessuale Bedeutung, regelt nicht die materielle Zulässigkeit des Nachschiebens von Ermessenserwägungen, dies richtet sich nach dem einschlägigen materiellen Recht
- **Grenzen:**
  - keine Umgehung des § 45 VwVfG (erstmalige Begründung im Prozess nur durch Heilung möglich)
  - keine Wesensänderung des VA (z.B. völlig anderer Sachverhalt, gänzlich andere Ermessenserwägungen, Behörde muss im Kern an ihren Ermessenserwägungen festhalten und diese lediglich klarstellen oder vervollständigen, deshalb auch erstmalige Ermessensausübung unzulässig, vgl. § 114 S. 2 VwGO „ergänzen")
  - Gründe müssen spätestens im Zeitpunkt der letzten Verwaltungsentscheidung (i.d.R. des Widerspruchsbescheides; wenn kein Widerspruch stattfindet: bei Erlass des Ausgangsbescheides) vorgelegen haben
  - keine Beeinträchtigung der Rechtsverteidigung des Klägers ⇨ Möglichkeit zur Stellungnahme

Anfechtungsklage (11)

Begründetheit der Anfechtungsklage (Fortsetzung)

Klausurproblem: Änderung der Tatsachen- oder Rechtslage im Prozess

II. Entscheidungserheblicher Zeitpunkt: Keine Frage des Prozessrechts, sondern des materiellen Rechts!

1. **Grundsatz:** Bei Anfechtungsklage letzte behördliche Entscheidung (i.d.R. Widerspruchsbescheid) Argument: Gegenstand der Klage ist der Ausgangsbescheid (in der Gestalt des Widerspruchsbescheides), § 79 I Nr. 1 VwGO

   ⇨ Änderungen der Sach- und Rechtslage bis zum Erlass des Widersprichsbescheides sind zu berücksichtigen, spätere Änderungen sind irrelevant

2. **Ausnahme:** Letzte mündliche Verhandlung wegen Eigenart des VA, insbes. bei

   - DauerVA, der während der gesamten Dauer seiner Geltung gesetzlich gerechtfertigt sein muss
   - noch nicht vollzogenem VA, wenn Vollziehung sinnlos oder unverhältnismäßig

   ⇨ Änderungen der Sach- und Rechtslage bis zur mündlichen Verhandlung zu berücksichtigen

3. **Gegenausnahme:** Letzte behördliche Entscheidung wegen Eigenart der gesetzlichen Regelung maßgebend, insbes. wenn besondere Regelung für Berücksichtigung nachträglicher Änderungen (z.B. § 35 VI GewO bei Gewerbeuntersagung nach § 35 I GewO)

   ⇨ Änderungen der Sach- und Rechtslage nach Erlass des Widerspruchsbescheides irrelevant, nur in neuem Verwaltungsverfahren zu berücksichtigen (z.B. auf Wiedergestattung des untersagten Gewerbes)

Verpflichtungsklage (1)

Zulässigkeit der Verpflichtungsklage

I. Verwaltungsrechtweg

- Aufdrängende Spezialzuweisung, z.B. § 126 I BBG, § 54 I BeamtStG
- Generalklausel, § 40 I 1 VwGO

II. Statthaftigkeit der Verpflichtungsklage

§ 42 I Fall 2 VwGO: wenn Kläger den Erlass eines abgelehnten oder unterlassenen Verwaltungsakts begehrt

III. Besondere Sachurteilsvoraussetzungen

- Klagebefugnis, § 42 II VwGO
- Vorverfahren, § 68 II i.V.m. 68 I VwGO
- Klagefrist, § 74 II i.V.m. 74 I, § 58 II VwGO
- Beklagter, § 78 VwGO

IV. Allgemeine Sachurteilsvoraussetzungen, z.B.

- Beteiligten-, Prozess-, Postulationsfähigkeit, §§ 61 ff. VwGO
- ordnungsgemäße Klageerhebung, §§ 81, 82 VwGO
- allgemeines Rechtsschutzbedürfnis

Verpflichtungsklage (2)

Statthaftigkeit der Verpflichtungsklage

I. Voraussetzung:

Kläger begehrt Erlass eines abgelehnten oder unterlassenen Verwaltungsakts (§ 42 Abs. 1 Fall 2 VwGO)

- **Versagungsgegenklage**, wenn die Behörde einen VA abgelehnt hat,
- **Untätigkeitsklage** (§ 75 VwGO), wenn die Behörde über den Antrag des Klägers in angemessener Frist sachlich nicht entschieden hat.

II. Fallkonstellationen:

- Kläger begehrt begünstigenden VA an sich selbst (z.B. Erlass einer Baugenehmigung)
- Kläger begehrt VA, der einen Dritten begünstigt (z.B. Aufenthaltserlaubnis für den Ehegatten)
- Kläger begehrt VA, der ihn begünstigt, aber einen Dritten belastet (sog. VA mit Doppelwirkung)
  - ☞ Nachbar verlangt von der Baubehörde den Erlass einer Beseitigungsverfügung gegen den Bauherrn, der sein Vorhaben illegal errichtet hat.

III. Keine Verpflichtungsklage, sondern allgemeine **Leistungsklage**, wenn kein Verwaltungsakt, sondern schlichtes Verwaltunghandeln (Realakt) begehrt wird,

aber **Verpflichtungsklage**, wenn dem Realakt eine regelnde Entscheidung durch VA vorgeschaltet ist, z.B. wenn

- Subsumtion im Einzelfall erforderlich ist (z.B. ob bei Informations-/Auskunftsansprüchen Versagungsgründe bestehen),
- Behörde Ermessen ausüben muss.

Verpflichtungsklage (3)

Besondere Sachurteilsvoraussetzungen der Verpflichtungsklage

Klagebefugnis, § 42 II VwGO

Kläger muss geltend machen, möglicherweise einen Anspruch auf Erlass des begehrten VA oder zumindest auf ermessensfehlerfreie Neubescheidung (§ 113 V 2 VwGO) zu haben:

- aus ör Sonderbeziehungen (ör Vertrag, begünstigender VA, Zusicherung),
- einfach-gesetzlichen Vorschriften mit Anspruchsqualität, d.h. sie müssen für den Kläger ein subjektives Recht auf die erstrebte Leistung beinhalten,
- ausnahmsweise unmittelbar aus Grundrechten, z.B. als Teilhaberecht oder Leistungsrecht.

Vorverfahren, § 68 II u. I VwGO

Kläger muss grds. ordnungsgemäß und erfolglos Verpflichtungswiderspruch erhoben haben, es sei denn

- gesetzliche Ausnahme vom Vorverfahren, § 68 II i.V.m. I 2 Hs. 1 VwGO, s. 47
- VA einer obersten Bundes-/Landesbehörde, § 68 II i.V.m. I 2 Nr. 1 VwGO,
- erstmalige Beschwer durch Abhilfe-/Widerspruchsbescheid, § 68 II i.V.m. I 2 Nr. 2 VwGO,
- Untätigkeitsklage unter den Voraussetzungen des § 75 VwGO,
- Vorverfahren entbehrlich, wenn Zweck des Vorverfahrens auf andere Weise erreicht oder nicht mehr erreicht werden kann (z.B. rügelose Einlassung der Widerspruchsbehörde im Prozess bei gebundenen Entscheidungen, str.).

Verpflichtungsklage (4)

Besondere Sachurteilsvoraussetzungen der Verpflichtungsklage (Fortsetzung)

Klagefrist, § 74 II u. I VwGO

- **§ 74 II i.V.m. I 1 VwGO**: ein Monat nach Zustellung des Widerspruchsbescheides, wenn Vorverfahren stattfindet, für Zustellung gilt VwZG (§ 73 III 2 VwGO), s. 50 f.
- **§ 74 II i.V.m. I 2 VwGO**: ein Monat nach Bekanntgabe des VA, wenn kein Vorverfahren erforderlich, insbes. in den Fällen des § 68 I 2 VwGO, s. 52
- **§ 58 II VwGO**: wenn Rechtsbehelfsbelehrung fehlt oder unrichtig ist, s. 53

Klagegegner, § 78 VwGO

- **§ 78 I Nr. 1 VwGO**: Bund, Land, Körperschaft, deren Behörde den beantragten VA unterlassen hat (Rechtsträgerprinzip)
- **§ 78 I Nr. 2 VwGO**: Behörde, wenn dies durch Landesrecht bestimmt ist (Behördenprinzip)

Klagegegenstand

- **§ 79 VwGO** gilt nunmittelbar nur für Anfechtungsklage, nicht für Verpflichtungsklage
- Bei **Versagungsgegenklage** gilt § 79 I Nr. 1 VwGO analog, im Übrigen wird Analogie abgelehnt (str.)

Verpflichtungsklage (5)

Begründetheit der Verpflichtungsklage

Rechtswidrigkeitsaufbau

Verpflichtungsklage ist begründet (§ 113 V 1 VwGO), soweit

- die Ablehnung oder Unterlassung des VA rechtswidrig ist,
- der Kläger dadurch in seinen Rechten verletzt ist und
- die Sache spruchreif ist.

Anspruchsaufbau

Verpflichtungsklage ist begründet, soweit der Kläger unter den Voraussetzungen des § 113 V 1 VwGO einen Anspruch auf Erlass des begehrten VA oder zumindest einen Anspruch auf ermessensfehlerfreie (Neu-)Bescheidung hat, § 113 V 2 VwGO.

Kombinationsaufbau

Verpflichtungsklage ist gemäß § 113 V 1 VwGO begründet, soweit die Ablehnung/Unterlassung des VA rechtswidrig, der Kläger dadurch in seinen Rechten verletzt und die Sache spruchreif ist. Das ist dann der Fall, wenn der Kläger einen Anspruch auf Erlass des begehrten VA hat. Anspruchsgrundlage ist § …

Verpflichtungsklage (6)

Begründetheit der Verpflichtungsklage (Fortsetzung)

- **Entscheidungserheblicher Zeitpunkt**: grds. mündliche Verhandlung (hat Kläger jetzt einen Anspruch), Ausnahme (letzte) Behördenentscheidung bei zeitabschnittsweise zu gewährenden Leistungen und Prüfungsentscheidungen.
- Sind die Voraussetzungen des § 113 V 1 VwGO erfüllt, verpflichtet das Verwaltungsgericht die Behörde, die beantragte Amtshandlung (= Erlass des beantragten VA) vorzunehmen.
  ⇨ **Vornahmeurteil**
- Ist die Sache (noch) nicht spruchreif (z.B. bei Ermessen der Behörde), spricht das Verwaltungsgericht die Verpflichtung der Behörde aus, den Kläger unter Beachtung der Rechtsauffassung des Gerichts zu bescheiden (§ 113 V 2 VwGO), wenn die bisherige Entscheidung ermessensfehlerhaft war oder die Behörde (bei Untätigkeitsklage) noch gar nicht entschieden hat ⇨ **Bescheidungsurteil**

  Zum Nachschieben von Ermessenserwägungen vgl. § 114 S. 2 VwGO

Fallkonstellationen:

- Bei gebundenem VA muss Gericht Spruchreife selbst herstellen ⇨ **Vornahmeurteil**

  Ausnahme nur bei komplexen technischen Sachverhalten, wenn Behörde Sachverhalt nicht abschließend geprüft hat (sog. steckengebliebenes Genehmigungsverfahren)
- Bei ErmessensVA prüft Gericht VA nur auf Ermessensfehler (Ermessensnichtgebrauch, Ermessensüberschreitung, Ermessensfehlgebrauch), § 114 S. 1 VwGO ⇨ **Bescheidungsurteil**

  Ausnahme: ⇨ **Vornahmeurteil** bei Ermessensreduzierung auf Null

Allgemeine Leistungsklage (1)

Zulässigkeit der allgemeinen Leistungsklage

I. Verwaltungsrechtweg

- Aufdrängende Spezialzuweisung, z.B. § 126 I BBG, § 54 I BeamtStG
- Generalklausel, § 40 I 1 VwGO

II. Statthaftigkeit der allgemeinen Leistungsklage

Kläger begehrt Leistung (Handlung, Duldung oder Unterlassung), die nicht Aufhebung oder Erlass eines VA ist

III. Besondere Sachurteilsvoraussetzungen

- Klagebefugnis, § 42 II VwGO analog
- grds. kein Vorverfahren (Ausn. im Beamtenrecht, § 126 II BBG, § 54 II BeamtStG)
- grds. keine Klagefrist (Ausn. im Beamtenrecht: § 74 I 1 VwGO, wenn Widerspruchsbescheid vorliegt)
- Richtiger Beklagter: Rechtsträger, § 78 VwGO gilt nicht

IV. Allgemeine Sachurteilsvoraussetzungen, z.B.

- Beteiligten-, Prozess-, Postulationsfähigkeit, §§ 61 ff. VwGO
- ordnungsgemäße Klageerhebung, §§ 81, 82 VwGO
- allgemeines Rechtsschutzbedürfnis

Allgemeine Leistungsklage (2)

Statthaftigkeit der allgemeinen Leistungsklage

- Allgemeine Leistungsklage in VwGO **nicht ausdrücklich** geregelt, aber erwähnt (z.B. §§ 43 II, 111 VwGO) und **gewohnheitsrechtlich anerkannt**
- **Statthaft**, wenn das Begehren des Kläger auf Leistung (Tun, Dulden oder Unterlassen) gerichtet ist, die nicht in der Aufhebung oder im Erlass eines VA besteht
  - Vornahme **schlichthoheitlichen** Verwaltungshandelns

    ☞ Realakte, Geldzahlung, Herausgabe einer Sache, Folgenbeseitigung, aber Verpflichtungsklage, wenn dem schlichten Verwaltungshandeln eine (konkludente) Regelung durch VA vorgeschaltet ist (insbes. „ob" die begehrte Leistung erfolgt, z.B. bei Informationsansprüchen). 🗗 22
  - **Unterlassung** von künftigen Verwaltungsakten und sonstigem Verwaltungshandeln
    - -- **schlichte** Unterlassungsklage bei Abwehr einer andauernden Störung
    - -- **vorbeugende** Unterlassungsklage zur Abwehr künftigen Verwaltungshandelns
      - Verhinderung schlichten Verwaltungshandelns
      - Verhinderung des Erlasses eines Verwaltungsaktes

        ☞ z.B. vorbeugende Unterlassungsklage zur Verhinderung der Ernennung des erfolgreichen Bewerbers bei der beamtenrechtlichen Konkurrentenklage, wenn besonderes Rechtsschutzbedürfnis besteht 🗗 30

Allgemeine Leistungsklage (3)

Besondere Sachurteilsvoraussetzungen der allgemeinen Leistungsklage

Klagebefugnis, § 42 II VwGO analog

- h.Rspr.: § 42 II VwGO gilt analog, um der VwGO fremde Popularklage zu vermeiden
- Lit. (z.T.): keine Regelungslücke, da allgemeines Rechtsschutzbedürfnis ausreichendes Korrektiv
- Stellungnahme: Klagebefugnis geht als besondere SU-Voraussetzung dem allgemeinen RSB vor

⇨ Kläger muss geltend machen, einen Anspruch auf die begehrte Leistung zu haben (Vornahmeklage) oder möglicherweise in einem subjektiven Recht verletzt zu sein (Unterlassungsklage)

Klausurtipp: Frage kann dahinstehen, wenn Möglichkeit einer Rechtsverletzung ohne weiteres (+)

Grds. kein Vorverfahren

Anders im **Beamtenrecht**: Vorverfahren grds. auch vor beamtenrechtlicher Leistungsklage (§ 126 II 1 BBG, § 54 II 1 BeamtStG), Ausnahme bei landesrechtlicher Regelung, § 54 II 3 BeamtStG

Grds. keine Klagefrist

Anders im **Beamtenrecht**: § 74 I 1 VwGO (1 Monat ab Zustellung), wenn Leistungswiderspruchsbescheid vorliegt (§ 126 II 1 BBG, § 54 II 1 BeamtStG).

Beachte: § 74 I 2 VwGO gilt für beamtenrechtliche Leistungsklage nicht, da VA erforderlich (Wortlaut!)

Allgemeine Leistungsklage (4)

Allgemeine Sachurteilsvoraussetzungen der allgemeinen Leistungsklage

Rechtsschutzbedürfnis

- Str. ob RSB für allg. Leistungsklage nur besteht, wenn begehrte Leistung zuvor erfolglos bei der Behörde beantragt wurde. Nach h.Rspr. hat fehlender **Antrag** nur kostenrechtliche Folgen (vgl. § 156 VwGO), **anders** bei der Verpflichtungsklage, die grds. nur nach erfolglosem Antrag bei der Behörde zulässig ist (vgl. dort §§ 68 II, 75 S.1 VwGO: „Antrag auf Vornahme eines Verwaltungsakts").
- Bei **vorbeugender Unterlassungsklage** qualifiziertes RSB erforderlich:
  - bei Abwehr eines **künftigen VA** muss Abwarten unzumutbar sein, weil aufschiebende Wirkung nach Erlass des VA (§ 80 I VwGO) nicht ausreicht, z.B. bei strafbewehrten VAen oder bei Eintritt irreparabler Schäden,
  - bei Abwehr zukünftigen **schlichten Verwaltungshandelns** str., ob Wiederholungsgefahr analog § 1004 I 2 BGB ausreicht oder ob Verweis auf § 123 VwGO zu unzumutbaren Nachteilen führt.
- Wenn **Hoheitsträger gegen Bürger** klagt, RSB zweifelhaft, wenn Anspruch durch VA (Leistungsbescheid) durchgesetzt werden kann, nach h.M. RSB (+), wenn ohnehin mit Anfechtung zu rechnen ist, nach a.A. Leistungsbescheid vorrangig.

Allgemeine Leistungsklage (5)

Begründetheit der allgemeinen Leistungsklage

Die allgemeine Leistungsklage ist begründet, wenn der Kläger – im Zeitpunkt der letzten mündlichen Verhandlung – einen Anspruch auf die begehrte Handlung, Duldung oder Unterlassung hat, z.B.

- **Folgenbeseitigungsanspruch** (FBA), soweit Folgenbeseitigung nicht durch VA zu erfolgen hat

  ☞ Herausgabeanspruch nach Wegfall der Voraussetzungen der Sicherstellung (z.B. § 50 I BPolG), Widerruf unrichtiger hoheitlicher Tatsachenbehauptungen, Beseitigung der rechtswidrigen Folgen schlichten Verwaltungshandelns, nicht: Exmittierung von Obdachlosen oder Beseitigungsverfügung gegenüber Nachbarn ⇨ Verpflichtungsklage, da Folgenbeseitigung durch VA ggü Dritten erfolgt

- **ör Abwehr- und Unterlassungsanspruch** (Art. 20 III GG, Grundrechte bzw. § 1004 BGB analog)

  ☞ Abwehr hoheitlicher Immissionen, Unterlassung ehrenrühriger hoheitlicher Äußerungen, Unterlassung staatlicher Informationstätigkeit

- Ansprüche aus **ör GoA** (§§ 677 ff. BGB analog), insbes. Aufwendungsersatz analog §§ 683, 670 BGB
- **ör Erstattungsanspruch** (Art. 20 III GG, eigenständiges Rechtsinstitut, nicht §§ 812 ff. BGB analog)

  ☞ Erstattungsanspruch bei nichtigem ör Vertrag oder sonstigen rechtsgrundlosen ör Vermögensverschiebungen, Sonderfälle in § 12 II BBesG, § 52 II BeamtVG, § 84 a BBG und entspr. Landesrecht

- **Schadensersatzansprüche**

  ☞ § 280 BGB analog bei ör Vertrag; § 75 BBG, § 48 BeamtStG (str. ob Dienstherr alternativ Leistungsbescheid erlassen darf); Art. 33 II GG bei Verstoß des Dienstherrn gegen die Fürsorgepflicht (§ 78 BBG, § 45 BeamtStG)

  ⚠ Teilweise **abweichender Rechtsweg**: vgl. insbes. Art. 34 S. 3 GG, § 40 II 1 VwGO: Zuständigkeit der Zivilgerichte, anders bei ör Vertrag (§ 40 II 1 Fall 3 Alt. 2 VwGO) und im Beamtenrecht (§ 40 II 2 VwGO), aber ggf. einheitliche Entscheidungskompetenz (§ 17 II 1 GVG mit Ausn. in Satz 2), s. 🗗 4 u. 8

Allgemeine Feststellungsklage (1)

Zulässigkeit der allgemeinen Feststellungsklage

I. Verwaltungsrechtweg

- Aufdrängende Spezialzuweisung, z.B. § 126 I BBG, § 54 I BeamtStG
- Generalklausel, § 40 I 1 VwGO

II. Statthaftigkeit der allgemeinen Feststellungsklage § 43 I VwGO

- Bestehen eines Rechtsverhältnisses (positive Feststellungsklage)
- Nichtbestehen eines Rechtsverhältnisses (negative Feststellungsklage)
- Nichtigkeit eines VA (Nichtigkeitsfeststellungsklage)
- keine Subsidiarität, § 43 II VwGO

III. Besondere Sachurteilsvoraussetzungen

- Feststellungsinteresse, § 43 I Hs. 2 VwGO
- Klagebefugnis, § 42 II VwGO analog
- grds. kein Vorverfahren (Ausn. im Beamtenrecht, § 126 II BBG, § 54 II BeamtStG)
- grds. keine Klagefrist (Ausn. im Beamtenrecht: § 74 I 1 VwGO, wenn Widerspruchsbescheid vorliegt)
- Richtiger Beklagter: Rechtsträger, § 78 VwGO gilt nicht

IV. Allgemeine Sachurteilsvoraussetzungen

Allgemeine Feststellungsklage (3)

Subsidiarität der allgemeinen Feststellungsklage

§ 43 II 1 VwGO: Feststellungsklage ist unzulässig, soweit der Kläger seine Rechte durch Gestaltungsklage (insbes. Anfechtungsklage) oder Leistungsklage (Verpflichtungsklage oder allg. Leistungsklage) verfolgen kann oder hätte verfolgen können **(Subsidiarität)**

Nach h.M. Beschränkung der Statthaftigkeit, nach a.A. besondere Sachurteilsvoraussetzung, Teil des Feststellungsinteresses oder Ausdruck des allgemeinen Rechtsschutzbedürfnisses

Grund: Verhinderung einer doppelten Inanspruchnahme der Gerichte (da Feststellungsurteil nicht vollstreckbar) und besondere Sachurteilsvoraussetzungen nicht umgangen werden sollen.

Ausnahmen von der Subsidiarität:

- bei der **Nichtigkeitsfeststellungsklage** (§ 43 II 2 VwGO)

  ⇨ alternativ Anfechtungsklage gegen nichtigen VA (§ 42 I Fall 1 VwGO)
- wenn Feststellungsklage **rechtsschutzintensiver** als Gestaltungs- oder Leistungsklage (z.B. zur umfassenden Klärung eines Rechtsverhältnisses)
- nach **Sinn und Zweck**, wenn weder Gefahr eines Doppelprozesses besteht noch die besonderen Sachurteilsvoraussetzungen anderer Klagen umgangen werden

  ☞ Keine Subsidiarität der vorbeugenden Feststellungsklage gegenüber der vorbeugenden Unterlassungsklage (so Rspr, a.A. Lit).
- **Hoheitsträger** als Beklagter reicht für Ausnahme nicht aus (str., a.A. bei Hoheitsträger kein Vollstreckungsdruck erforderlich, dagegen sprechen §§ 170, 172 VwGO).

Allgemeine Feststellungsklage (4)

Besondere Sachurteilsvoraussetzungen der allgemeinen Feststellungsklage

Feststellungsinteresse, § 43 I VwGO

- Berechtigtes Interesse an der baldigen Feststellung = jedes schutzwürdige Interesse rechtlicher, wirtschaftlicher oder ideeller Art (weiter als § 256 ZPO)
- Bei vergangenem (erledigten) Rechtsverhältnis: „immer noch" z.B. Wiederholungsgefahr, Rehabilitationsbedürfnis, schwerwiegender kurzfristiger Grundrechtseingriff, Präjudizwirkung
- Bei zukünftigem Rechtsverhältnis: „schon jetzt", z.B. bei vorbeugender Feststellungsklage, wenn Abwarten unzumutbar

Klagebefugnis, § 42 II VwGO analog

- h.Rspr.: § 42 II VwGO gilt analog, um der VwGO fremde Popularklage zu vermeiden
- Lit. (z.T.): keine Regelungslücke, da Feststellungsinteresse ausreichendes Korrektiv
- Stellungnahme: auch Feststellungsklage ist keine bloße Interessenklage, vgl. auch § 43 II 1 VwGO: „seine Rechte"

⇨ Kläger muss geltend machen, in eigenen Rechten betroffen zu sein, z.B. weil er selbst an dem festzustellenden Rechtsverhältnis beteiligt ist oder von dem Rechtsverhältnis eigene Rechte abhängen

Klausurtipp: Frage kann dahinstehen, wenn Möglichkeit einer Rechtsverletzung ohne weiteres (+)

Allgemeine Feststellungsklage (5)

Besondere Sachurteilsvoraussetzungen der allgemeinen Feststellungsklage (Fortsetzung)

Grds. kein Vorverfahren

Anders im **Beamtenrecht**: Vorverfahren grds. auch vor beamtenrechtlicher Feststellungsklage (§ 126 II 1 BBG, § 54 II 1 BeamtStG), vorbehaltlich landesrechtlicher Ausnahme, § 54 II 3 BeamtStG

Grds. keine Klagefrist

Anders im **Beamtenrecht**: § 74 I 1 VwGO (1 Monat ab Zustellung), wenn ein Feststellungswiderspruchsbescheid vorliegt (§ 126 II 1 BBG, § 54 II 1 BeamtStG),

Beachte: § 74 I 2 VwGO gilt für beamtenrechtliche Feststellungsklage nicht, da VA erforderlich (Wortlaut!)

Richtiger Klagegegner

- Klagegegner ist der **Verwaltungsträger**, demgegenüber das Rechtsverhältnis festgestellt werden soll. Rechtsverhältnis kann i.d.R. nur zwischen dem Normadressaten und dem Normanwender bestehen, zum Normgeber nur ausnahmsweise, wenn Norm selbst unmittelbar Rechte und Pflichten begründet („self executing").
- Bei **Nichtigkeitsfeststellungsklage** gilt § 78 VwGO analog

Fortsetzungsfeststellungsklage (1)

Zulässigkeit der Fortsetzungsfeststellungsklage

I. Verwaltungsrechtweg

- Aufdrängende Spezialzuweisung, z.B. § 126 I BBG, § 54 I BeamtStG
- Generalklausel, § 40 I 1 VwGO

II. Statthaftigkeit der Fortsetzungsfeststellungsklage § 113 I 4 VwGO

- unmittelbar bei Erledigung einer Anfechtungsklage nach Klageerhebung
- analog bei Erledigung einer Verpflichtungsklage nach Klageerhebung
- Str. bei vorprozessualer Erledigung ⇨ 🗗 38
- nicht: bei erledigten Realakten ⇨ allg. Feststellungsklage 🗗 33

III. Besondere Sachurteilsvoraussetzungen

- Besondere SU-Voraussetzungen der (hypothetischen) Ausgangsklage gelten analog
  - Klagebefugnis, § 42 II VwGO analog
  - Vorverfahren: (+) bei Erledigung nach Klageerhebung,
    (–) bei Erledigung vor Bestandskraft, insbes. bei Erledigung innerhalb der Widerspruchs-/Klagefrist
  - Klagefrist: (+) bei Erledigung nach Klageerhebung, (–) bei vorprozessualer Erledigung
- Fortsetzungsfeststellungsinteresse: insbes. (+) bei Wiederholungsgefahr, Rehabilitationsbedürfnis, schwerwiegendem Grundrechtseingriff (und kurzfristige Erledigung), Präjudizwirkung 🗗 40

IV. Allgemeine Sachurteilsvoraussetzungen

Fortsetzungsfeststellungsklage (2)

Statthaftigkeit der Fortsetzungsfeststellungsklage

Erledigung eines Verwaltungsakts

- Vorliegen eines **Verwaltungsakts** i.S.d. § 35 VwVfG, nicht bei schlichtem Verwaltungshandeln
- Fälle der **Erledigung**: Rücknahme, Widerruf, anderweitige Aufhebung, Zeitablauf (§ 43 II VwVfG), Erlöschen von (befristeten) Erlaubnissen, Erlass eines Änderungsbescheides, Wegfall des Regelungsobjektes, Tod bei höchstpersönlichem VA,
- i.d.R. **nicht Vollzug** des VA, da VA Rechtsgrund für den Vollzug bleibt (str. bei Ersatzvornahme durch Dritten, nach h.M. Erledigung (–), da VA Rechtsgrund für Kostenpflicht des Adressaten)

FFK bei vorprozessualer Erledigung

Meinung 1: Wegen identischer Interessenlage gilt § 113 I 4 VwGO analog bei Erledigung vor Klageerhebung, Verfahrensart kann nicht vom zufälligen Zeitpunkt der Erledigung abhängen

Meinung 2: Mangels planwidriger Regelungslücke keine analoge Anwendung, sondern allgemeine Feststellungsklage (§ 43 I VwGO): Befugnis der Behörde, den streitbetroffenen VA zu erlassen, begründet streitiges Rechtsverhältnis

Stellungnahme: VA ist kein feststellungsfähiges Rechtsverhältnis, Kläger geht es nicht um die Feststellung des (Nicht-)Bestehens eines Rechtsverhältnisses, sondern um die Feststellung der Rechtswidrigkeit des VA

⇨ § 113 I 4 VwGO gilt **analog bei vorprozessualer Erledigung**

Fortsetzungsfeststellungsklage (3)

Besondere Sachurteilsvoraussetzungen der Fortsetzungsfeststellungsklage

SU-Voraussetzungen der Ausgangsklage analog

- Unstreitig bei **Erledigung nach Klageerhebung**, da allein Erledigung aus unzulässiger Anfechtungs-/Verpflichtungsklage keine zulässige Fortsetzungsfeststellungsklage machen kann, also erforderlich: Klagebefugnis (§ 42 II VwGO), Vorverfahren (§ 68 I 1, II VwGO, vorbehaltlich gesetzlicher Ausnahmen, § 68 I 2 VwGO), Klagefrist (§ 74 VwGO), Klagegegner (§ 78 VwGO).
- Umstritten bei **vorprozessualer Erledigung**:
  - Unstreitig ist **Klagebefugnis** analog § 42 II VwGO erforderlich.
  - **Vorverfahren** (§ 68 I, II VwGO): Nach h.M. entfällt Vorverfahren, wenn VA im Zeitpunkt der Erledigung noch nicht bestandskräftig ist, insbes. bei Erledigung vor Ablauf der Widerspruchsfrist, nach Gegenansicht stets Fortsetzungsfeststellungswiderspruch erforderlich. Dagegen spricht, dass nach Erledigung Aufhebung des VA nicht mehr möglich und verbindliche Feststellung der Rechtswidrigkeit des VA durch die Verwaltung in VwGO nicht vorgesehen ist.

    ☞ Ausnahme im Beamtenrecht wegen § 126 II 1 BBG, § 54 II 1 BeamtStG: Vorverfahren vor allen Klagen erforderlich, also auch vor Fortsetzungsfeststellungsklage (Gegenausnahme § 54 II 3 BeamtStG).
  - **Klagefrist**: Nach h.M. bei vorprozessualer Erledigung Fortsetzungsfeststellungsklage nicht fristgebunden, da VA nicht mehr bestandskräftig werden kann (a.A. §§ 74 I 2, 58 II VwGO analog).
  - **Klagegegner**: § 78 VwGO gilt unstreitig analog.

Fortsetzungsfeststellungsklage (4)

Besondere Sachurteilsvoraussetzungen der Fortsetzungsfeststellungsklage (Fortsetzung)

Fortsetzungsfeststellungsinteresse

Fallgruppen:

- **Wiederholungsgefahr:**
  hinreichende Wahrscheinlichkeit (nicht bloß theoretische Möglichkeit), dass Behörde bei im Wesentlichen unveränderten tatsächlichen und rechtlichen Verhältnissen einen vergleichbaren VA erlassen wird.

- **Rehabilitationsbedürfnis:**
  wenn VA diskriminierende Wirkung hat und Maßnahme nachwirkt, insbes. Stigmatisierung (z.B. Anwendung unmittelbaren Zwangs durch Polizei, herabwürdigende Behandlung, Vorwurf der Unzuverlässigkeit ggü Gewerbetreibenden, nicht dagegen bloßer Vorwurf objektiv strafbaren Verhaltens).

- **Schwerwiegender Grundrechtseingriff**, der sich typischerweise kurzfristig erledigt:
  nach Art und Intensität besonders bedeutsames Grundrecht betroffen (z.B. Art. 2 II 2, Art. 8, Art. 10 GG) **und** (str.) kein ausreichender Rechtsschutz vor Erledigung möglich; nicht ausreichend bloße Möglichkeit einer Grundrechtsverletzung, sondern besondere Intensität des Eingriffs erforderlich (str.)

- **Präjudizwirkung** für Schadensersatz- oder Entschädidungsprozess:
  wegen Rechtskraftwirkung (§ 121 VwGO) ist Zivilgericht an Feststellung der Rechtswidrigkeit des VA gebunden, Fortsetzungsfeststellungsinteresse aber nur bei Erledigung **nach** Klageerhebung (bei vorprozessualer Erledigung muss unmittelbar vor Zivilgericht geklagt werden) **und** nur, wenn Ersatzanspruch **nicht offensichtlich** ausgeschlossen ist.

Fortsetzungsfeststellungsklage (5)

Begründetheit der Fortsetzungsfeststellungsklage

I. Fortsetzungsfeststellungsklage ist **begründet** (§ 113 I 4 VwGO), soweit

- der erledigte VA unmittelbar vor Erledigung **rechtswidrig** gewesen ist und
- der Kläger dadurch in **seinen Rechten verletzt** wurde

II. Bei **Verpflichtungsbegehren** (+), wenn Kl. **im Zeitpunkt der Erledigung** einen Anspruch auf Erlass des VA (oder Anspruch auf Neubescheidung) hatte, unabhängig davon, ob Anspruch zu einem früheren Zeitpunkt, z.B. bei Erlass des Ablehnungsbescheides, bestanden hat.

III. Entscheidungserheblicher Zeitpunkt:

- bei **Anfechtungssituation:** Zeitpunkt der (letzten) Behördenentscheidung, bei Erledigung vor Erlass des Widerspruchsbescheides und bei DauerVA Zeitpunkt der Erledigung;
- bei **Verpflichtungssituation:** Zeitpunkt der Erledigung, außer nach materiellem Recht ist früherer Zeitpunkt maßgebend (z.B. Prüfungsentscheidung)

Erledigungserklärung

Alternativ zur FFK kann Kläger bei Erledigung Rechtsstreit in der Hauptsache für erledigt erklären

- **Übereinstimmende** Erledigungserklärung: Gericht entscheidet nur noch über die Kosten, § 161 II VwGO
- **Einseitige** Erledigungsklärung (bei Widerspruch des Beklagten): Klageänderung in allg. Feststellungsklage, dass Erledigung eingetreten ist.

Abstrakte Normenkontrolle (1)

A. Zulässigkeit des Normenkontrollantrags

I. **Verwaltungsrechtsweg** (§ 47 I VwGO: „im Rahmen seiner Gerichtsbarkeit") aufgrund Spezialregelung oder Generalklausel (§ 40 I 1 VwGO)

(–) z.B. für Bußgeldvorschriften wegen § 68 OwiG Zuständigkeit des Amtsgerichts

II. **Statthaftigkeit** des Antrags, § 47 I VwGO

- **Nr. 1:** Satzungen nach dem BauGB, insbes. Bebauungspläne (§ 10 BauGB), Veränderungssperren (§ 16 BauGB), Erschließungsbeitragssatzungen (§ 132 BauGB), RechtsVOen nach § 246 II BauGB, auch Flächennutzungspläne (§ 5 BauGB), soweit diese bei Windvorranggebieten die Sperrwirkung des § 35 III 3 BauGB entfalten (insoweit gilt § 47 I Nr. 1 VwGO analog),
- **Nr. 2:** andere im Rang unter dem Landesgesetz stehende Rechtsvorschriften (z.B. RechtsVOen des Landes, Satzungen der Kommunen, nicht dagegen Bundes-RechtsVO, Landesverfassung und formelle Landesgesetze), sofern das Landesrecht dies bestimmt.

III. **Antragsbefugnis** (§ 47 II 1 VwGO): jede natürliche oder juristische Person, die geltend macht, durch die Rechtsvorschrift oder deren Anwendung in ihren Rechten verletzt zu sein oder in absehbarer Zeit verletzt zu werden ⇨ Schutznormtheorie wie bei § 42 II VwGO

- einfach-gesetzliche subjektive Rechte, z.B. Anspruch auf fehlerfreie Abwägung (§ 1 VII BauGB), soweit Belang abwägungserheblich (z.B. 1 VI BauGB)
- Grundrechte, z.B. Art. 14 I GG bei unmittelbarer Planbetroffenheit

IV. **Antragsfrist**, § 47 II 1 VwGO: innerhalb eines Jahres nach Bekanntmachung der Rechtsvorschrift

Abstrakte Normenkontrolle (2)

A. Zulässigkeit des Normenkontrollantrags (Fortsetzung)

V. **Antragsgegner**, § 47 II 2 VwGO: die juristische Person des öffentlichen Rechts (Körperschaft, Anstalt, Stiftung), die die angegriffene Rechtsvorschrift erlassen hat

VI. **Rechtsschutzbedürfnis** nur (+), wenn durch die Feststellung der Unwirksamkeit der angegriffenen Vorschrift die Rechtsstellung des Antragsstellers verbessert werden kann, z.B. (–) wenn B-Plan bereits vollständig verwirklicht, aber (+), wenn Rechtsvorschrift fortwirkt

B. Begründetheit des Normenkontrollantrags

Normenkontrollantrag ist begründet, wenn die angegriffene Rechtsvorschrift **gegen höherrangiges Recht verstößt**.

- Beim B-Plan (§ 47 I Nr. 1 VwGO): insbes. BauGB und Vorschriften der GemO über Beschlüsse, aber auch GG und andere bundes-/landesgesetzliche Vorschriften
- Bei anderen untergesetzlichen landesrechtlichen Vorschriften (§ 47 I Nr. 2 VwGO): Verstoß gegen GG, LVerf, formelle Bundes- oder Landesgesetze

⇨ wenn (+) erklärt OVG/VGH Rechtsvorschrift für **unwirksam**, die Entscheidung ist allgemein verbindlich, § 47 V 2 VwGO,

⇨ ggf. einstweilige Anordnung (§ 47 VI VwGO), strenger Prüfungsmaßstab: Abwehr schwerwiegender Nachteile oder aus anderen wichtigen Gründen dringend geboten (enger als § 123 VwGO)

Klagebefugnis (1)

Anwendungsbereich

- Anfechtungsklage, § 42 II Alt. 1 VwGO
- Verpflichtungsklage, § 42 II Alt. 2 VwGO
- Fortsetzungsfeststellungsklage, § 42 II VwGO analog
- Leistungsklage, § 42 II VwGO analog (str.)
- allg. Feststellungsklage, § 42 II VwGO analog (str.)
- Eilanträge (§§ 80 V, 80a III, 123 I VwGO): Antragsbefugnis, § 42 II VwGO analog
- Widerspruchsverfahren: Widerspruchsbefugnis, § 42 II VwGO analog
- Normenkontrollverfahren: Antragsbefugnis, nicht § 42 II VwGO, sondern § 47 II 1 VwGO

Voraussetzungen

Kläger muss geltend machen, in seinen Rechten verletzt zu sein (= Möglichkeit einer Rechtsverletzung), um Popularklage zu verhindern.

- Einfach-gesetzliche Vorschriften, die zumindest auch den Individualinteressen des Klägers zu dienen bestimmt sind (**Schutznormtheorie**), Möglichkeitstheorie, (–) wenn Vorschrift nur dem Schutz der Allgemeinheit dient, wenn Schutz nicht bezweckt, sondern bloßer Reflex oder wenn Betroffener nicht zum geschützten Personenkreis gehört (z.B. Nachbarn),
- **Grundrechte**, wenn Schutzbereich betroffen und Verletzung möglich,
- **Unionsrecht** (insbes. Grundfreiheiten, GR-Charta, Art. 101, 102, Art. 107, 108 AEUV).

Klagebefugnis (2)

Fallgruppen

Anfechtungsklage des Adressaten eines belastenden VA

- **Einfach-gesetzliche** subjektiv-rechtliche Vorschriften
- **Grundrechte**, zumindest Art. 2 I GG (Adressatentheorie)

Verpflichtungsklage des Adressaten eines begünstigenden VA

- **Einfach-gesetzliche Vorschriften** mit Anspruchsqualität
- **Grundrechte** nur ausnahmsweise als Teilhabe- und Leistungsrechte, wenn für Grundrechtsausübung unerlässlich

Anfechtungsklage eines Dritten

- **Einfach-gesetzliche Vorschriften**, die zumindest auch den Interessen des Dritten zu dienen bestimmt sind (drittschützende Vorschriften), z.B. Art der baulichen Nutzung beim B-Plan, Rücksichtnahmegebot in § 15 I 2 BauNVO, § 34 I BauGB („einfügen"), § 35 III 1 Nr. 3 BauGB (Rücksichtnahmegebot als öffentlicher Belang), § 5 I Nr. 1 BImSchG (Schutzgrundsatz), nicht § 5 I Nr. 2 BImSchG (Vorsorgegrundsatz)
- **Grundrechte**, i.d.R. (–), Anwendungsvorrang des einfachen Rechts, ausnahmsweise (+), z.B. Art. 12 I GG bei nachhaltiger Veränderung der Wettbewerbsbedingungen durch Maßnahmen mit objektiv berufsregelnder Tendenz

Klagebefugnis (3)

Fallgruppen (Fortsetzung)

Verpflichtungsklage eines Dritten

- auf **Belastung** des Adressaten:
  einfach-gesetzliche Vorschriften mit Anspruchsqualität (Schutznormtheorie), z.B. behördliche Ermächtigungsgrundlage, die zumindest auch dem Schutz des Dritten dient (z.B. polizeiliche Generalklausel, wenn Gefahr für Individualrechtsgüter als Schutzgut der öffentlichen Sicherheit).

- auf **Begünstigung** des Adressaten
  - i.d.R. (–), **einfach-gesetzliche Vorschriften** dienen nur dem Schutz des Adressaten (oder der Allgemeinheit), nicht aber dem Schutz Dritter,
  - **Grundrechte** (–), Leistungsrecht für Dritten nicht unerlässlich, da Adressat selbst klagen kann,
  - **Ausnahme** soweit Begünstigung des Adressaten für Dritten grundrechtsrelevant ist (z.B. Aufenthaltstitel für Ehegatten-Ausländer wegen Art. 6 I GG)

Vorverfahren (2)

Entbehrlichkeit

- bei **Untätigkeitsklage** (§ 75 VwGO), wenn Behörde ohne zureichenden Grund in angemessener Frist (i.d.R. 3 Monate, § 75 S. 2 VwGO) nicht über Widerspruch oder Antrag auf Vornahme eines VA entschieden hat,
- wenn **Zweck des Vorverfahrens** anderweitig erreicht oder nicht mehr erreicht werden kann, z.B.
  - wenn der mit der Widerspruchsbehörde identische Beklagte (Beklagtenvertreter) sich bei gebundenem VA zur Sache einlässt, also (–) bei Ermessens- oder Beurteilungsspielraum oder nur hilfsweiser Einlassung, es sei denn Widerspruchsbehörde hat sich vorgerichtlich bereits festgelegt,
  - wenn angefochtener VA durch neuen VA ersetzt wird, der im Wesentlichen dieselben Sach- und Rechtsfragen betrifft,
  - wenn ein weiterer VA ergeht, der in unmittelbarem Zusammenhang mit einem bereits angefochtenen VA steht, z.B. VAe für unterschiedliche Zeitabschnitte,
  - wenn Ausgangsbehörde VA aufgrund Weisung der Widerspruchsbehörde erlassen hat.

⇨ **Widerspruch zulässig**, aber nach Sinn und Zweck nicht erforderlich („entbehrlich“)

⚠ *Wenn Widerspruch nach § 68 I 2 VwGO entfällt, ist er nicht entbehrlich, sondern ausgeschlossen (= unzulässig), außer bei Wahlrecht* 🗗 47

Vorverfahren (1)

Erforderlichkeit

- bei Anfechtungs- und Verpflichtungsklagen (§ 68 I 1 u. § 68 II VwGO)
- im Beamtenrecht grds. bei allen Klagen, auch bei Leistungs-, Feststellungs- und Fortsetzungsfeststellungsklage (§ 126 II 1 BBG, § 54 II 1 BeamtStG mit Ausn. kraft Landesrechts, § 54 II 3 BeamtStG)

Ausnahmen

- Ausschluss **kraft Gesetzes** (§ 68 I 2 Hs. 1 VwGO),

  ☞ §§ 70, 74 VwVfG, Art. 15 II BayAGVwGO, § 15 AG VwGO BW, § 63 II JustG Bln, § 8 Brem AGVwGO, § 6 II Hbg AGVwGO, § 16a AGVwGO Hess mit Anlage, § 13 b AGGStrG M-V, § 80 NJG, § 110 I JustG NRW, § 8 a AGVwGO LSA, §§ 8a ThürAGVwGO, § 54 II 3 BeamtStG i.V.m. Art. 15 I 1 Nr. 5 BayAGVwGO, § 93 I LBG Bln, § 105 I 1 NBG, § 103 I 1 LBG NRW
- VA einer **obersten Bundesbehörde** oder obersten Landesbehörde (§ 68 I 2 Nr. 1 VwGO), außer wenn ein Gesetz die Nachprüfung vorschreibt (z.B. § 126 II 2 BBG, § 54 II 2 BeamtStG mit Ausnahmen nach § 54 II 3 BeamtStG i.V.m. Landesrecht, § 6 II UIG, § 9 IV 2 IFG)
- **erstmalige Beschwer** durch Abhilfe- oder Widerspruchsbescheid (§ 68 I 2 Nr. 2 VwGO)
  ⇨ kein mehrfaches Widerspruchsverfahren
- bei Ausnahme **Widerspruch unzulässig**, ⇨ unmittelbar Klage (Ausn.: Wahlrecht nach § 15 I BayAGVwGO, § 13 a AGGStrG M-V)

Allgemeine Feststellungsklage (2)

Statthaftigkeit der allgemeinen Feststellungsklage

Rechtsverhältnis

- **Definition:** Die sich in einem konkreten Sachverhalt aufgrund einer (ör) Rechtsnorm ergebenden rechtlichen Beziehungen einer Person zu einer anderen Person oder zu einer Sache.
- auch **Innenrechtsverhältnisse** (z.B. Kommunalverfassungsstreitverfahren)
- **nicht:** abstrakte Rechtsfragen, z.B. Wirksamkeit einer Rechtsnorm, aber Inzidentkontrolle bei der Frage, ob sich aus der **Anwendung der Norm** ein Rechtsverhältnis ergibt, d.h. ob sich im konkreten Fall aus der (wirksamen) Norm konkrete Rechte und Pflichten ergeben
- **nicht:** unselbstständige Teile oder Vorfragen eines Rechtsverhältnisses, die nicht unmittelbar konkrete Rechte oder Pflichten begründen (Streit über bloße Tatsachen, über Eigenschaften einer Person (z.B. Zuverlässigkeit) oder einer Sache (z.B. Bebaubarkeit)
- **Subsidiarität:** Feststellungsklage unstatthaft, soweit Kläger seine Rechte durch Gestaltungs- oder Leistungsklage verfolgen kann oder hätte verfolgen können, s. 🗗 34

Nichtigkeit eines VA

Nichtigkeit des VA nach § 44 VwVfG oder Spezialregelungen (z.B. § 13 BBG, § 11 BeamtStG)

- spezielle Nichtigkeitsgründe, § 44 II VwVfG oder Spezialgesetz
- Generalklausel, § 44 I VwVfG
- keine Subsidiarität (§ 43 II 2 VwGO)

Klagefrist (1)

Besondere Sachurteilsvoraussetzung

- bei **Anfechtungsklagen** (§ 74 I VwGO)
- bei **Verpflichtungsklagen** (§ 74 II VwGO)
- bei **Leistungs**- und **Feststellungsklagen** im Beamtenrecht, wenn Widerspruchsbescheid vorliegt (§ 74 I 1 VwGO), § 74 I 2 VwGO gilt auch im Beamtenrecht nur, wenn VA vorliegt (Wortlaut!)

  ⚠ *Der Leistungs- und Feststellungs**widerspruch** ist auch im Beamtenrecht stets fristungebunden zulässig, da § 70 I VwGO einen VA voraussetzt (vgl. Wortlaut)! Für die nachfolgende beamtenrechtliche Leistungs- und Feststellungs**klage** gilt dagegen § 74 I 1 VwGO, wenn ein Widerspruchsbescheid erlassen wurde.*

- **Fristlauf:**
  - innerhalb eines Monats nach Zustellung des Widerspruchsbescheides (§ 74 I 1 VwGO), s. 🗗 50 f.
  - innerhalb eines Monats nach Bekanntgabe des Ausgangsbescheides, wenn kein Vorverfahren stattfindet (§ 74 I 2 VwGO), s. 🗗 52
  - ein Jahr ab Zustellung oder Bekanntgabe bei unterbliebener oder unrichtiger Rechtsbehelfsbelehrung (§ 58 II 1 VwGO), s. 🗗 53
  - ggf. Heilung der Verfristung durch Wiedereinsetzung in den vorigen Stand (§ 60 VwGO), wenn Fristversäumnis unverschuldet

Klagefrist (2)

§ 74 I 1 VwGO: innerhalb eines Monats nach Zustellung des Widerspruchsbescheides

- **Zustellung** des Widerspruchsbescheides erfolgt gem. § 73 III 2 VwGO i.V.m. VwZG (Bundesgesetz), unabhängig davon, ob Zustellung durch Bundes- oder Landesbehörde veranlasst wird

  ⚠ *Landesrechtliche Zustellungsvorschriften (z.B. BayVwZVG, LVwZG BW, LZG NRW, §§ 146 ff. LVwG SH, ThürVwZVG) gelten nur für die Zustellung von Ausgangsbescheiden durch Landes- oder Kommunalbehörden!*

- **Zustellung** = förmliche Bekanntgabe eines schriftlichen oder elektronischen VA (§ 2 I VwZG)

- **Zustellungsarten:**
  - mit **Zustellungsurkunde** (§ 3 VwZG) durch Postdienstleister als Beliehener (§ 33 I 2 PostG), Ersatzzustellung nach § 3 II VwZG i.V.m. §§ 177 ff. ZPO, Zustellungsurkunde = öffentliche Urkunde i.S.d. § 418 ZPO mit voller Beweiskraft
  - mittels **Übergabe-Einschreiben** oder durch **Einschreiben mit Rückschein** (§ 4 VwZG), nicht Einwurfeinschreiben, keine Ersatzzustellung, entscheidend ist, ob Schreiben in den Herrschaftsbereich des Empfängers gelangt
    - Rückschein als Beweis für die Zustellung (anders als Zustellungsurkunde keine öffentliche Urkunde)
    - bei Übergabe-Einschreiben: 3-Tage-Fiktion (§ 4 II 2 VwZG), auch wenn 3. Tag Samstag, Sonntag oder Feiertag (a.A. nächster Werktag 🗗 52), im Zweifel Beweislast bei Behörde

Klagefrist (3)

- **Zustellungsarten** (Fortsetzung):
  - durch Behörde gegen **Empfangsbekenntnis** (§ 5 VwZG, nicht § 174 ZPO)
    - -- i.d.R. durch Aushändigung eines verschlossenen Umschlags (§ 5 I VwZG)
    - -- Ersatzzustellung nach § 5 II VwZG i.V.m. §§ 177 ff. ZPO
    - -- bei Rechtsanwälten, Notaren, Steuerberatern, Wirtschaftsprüfer, Behörden, Körperschaften, Anstalten und Stiftungen des öR auch auf andere Weise (z.B. durch einfachen Brief oder elektronisch, auch per Telefax), § 5 IV VwZG
    - -- elektronische Zustellung elektronischer Dokumente (§ 5 V VwZG), wenn Empfänger hierfür Zugang eröffnet hat + qualifizierte elektronische Signatur + Schutz vor unbefugter Kenntnisnahme Dritter
    - -- elekronische Zustellung über De-Mail-Dienste (§ 5 a VwZG)
- Richtiger **Zustellungsadressat**
  - Empfänger
  - gesetzliche Vertreter (§ 6 VwZG)
  - Bevollmächtigte (§ 7 VwZG): Ermessen nach § 7 I 1 VwZG, bei schriftlicher Vollmacht zwingend Zustellung an Bevollmächtigten (§ 7 I 2 VwZG) ⇨ Zustellung an Mdt. unwirksam
- **Heilung** von Zustellungsmängeln (§ 8 VwZG) bei tatsächlichem Zugang,

☞ Mdt. übergibt Schreiben an RA, str. bei Kenntniserlangung durch Akteneinsicht

Klagefrist (4)

§ 74 I 2 VwGO: innerhalb eines Monats nach Bekanntgabe des VA

- wenn Widerspruchsverfahren/-bescheid nach § 68 I 2 VwGO **nicht erforderlich**
- **Bekanntgabe** des VA nach § 41 VwVfG durch Zugang im Herrschaftsbereich des Empfängers (Rechtsgedanke des § 130 I BGB): Einwurf zu üblicher Zeit in Briefkasten oder Postfach, Zugang auf Mail-Server (wenn Zugang eröffnet, § 3 a I VwVfG), unabhängig von tatsächlicher Kenntnisnahme (also auch bei Ortsabwesenheit, z.B. Urlaub).
- Bei Übermittlung **durch die Post:**
  Bekanntgabefiktion am 3. Tag nach der Aufgabe zur Post (§ 41 II 1 VwVfG), es sei denn, der Bescheid ist nicht oder zu einem späteren Zeitpunkt zugegangen (§ 41 II 3 VwVfG), im Zweifel Beweislast bei der Behörde. Fiktion gilt auch am Samstag, Sonntag und Feiertag, da § 31 III VwVfG nur für Fristende, nicht Fristbeginn gilt (a.A. nächster Werktag analog § 31 III VwVfG, § 193 BGB).
- Entsprechendes gilt bei **elektronischer Übermittlung** (§ 41 II 2 VwVfG), wenn Empfänger Zugang eröffnet hat (§ 3 a I VwVfG), i.d.R. (+) bei Behörden und RA, beim Bürger nur bei ausdrücklicher Erklärung.
- Bekanntgabe durch **Datenabruf** (§ 41 II a VwVfG), z.B. von Internetplattform
- **Öffentliche Bekanntgabe**, § 41 III u. IV VwVfG
  - durch Rechtsnorm zugelassen,
  - bei Allgemeinverfügung, wenn individuelle Bekanntgabe untunlich,
  - für Verkehrszeichen gilt Spezialregelung in § 45 IV StVO (Sichtbarkeitsgrundsatz).

Klagefrist (6)

Fristberechnung

- **§ 57 II VwGO i.V.m. § 222 I ZPO i.V.m.**
  - **§ 188 II BGB:** Frist endet mit Ablauf des Tages des folgenden Monats, welcher durch seine Zahl dem Tag der Bekanntgabe bzw. Zustellung entspricht (§ 187 I BGB gilt nur für die Fristberechnung, Frist beginnt mit dem „Ereignis").

    ☞ Bekanntgabe am Mo, 14.10. – Fristende: Do, 14.11. (23.59.59 h), nicht 24.00 h, da mit 0.00 h des Folgetages identisch
  - **§ 188 III BGB:** Fehlt der für den Fristablauf maßgebende Tag, so endet die Frist mit Ablauf des letzten Tages des Monats

    ☞ Bekanntgabe am Di, 31.01. – Fristende: Di, 28.02. (bzw. im Schaltjahr Mi, 29.02.)

    Gegenbeispiel: Bekanntgabe am Di, 28.02. – Fristende: Di, 28.03. (nicht 31.03., da juristischer Monat wegen § 188 II BGB nicht identisch mit kalendarischem Monat, § 188 III BGB regelt nur den Fall, dass der für den Fristablauf maßgebende Tag fehlt)
  - **§ 222 II ZPO:** Bei Fristende am Sonnabend, Sonntag oder allgemeinen Feiertag (z.B. Neujahr, Karfreitag, Ostermontag, 1. Mai, Pfingstmontag, 3. Oktober, 25.12. und 26.12, nicht 24.12. und 31.12.), endet Frist erst mit Ablauf des nächsten Werktags

    ☞ Zustellung am Fr., 24.11. – Fristende an sich nach § 188 II BGB: So, 24.12., da 25.12. und 26.12. allgemeine Feiertage Fristende erst am nächsten Werktag Mi, 27.12.

Klagefrist (5)

§ 58 II VwGO: innerhalb eines Jahres bei fehlender/unrichtiger RBB

RBB fehlt

- trotz § 37 VI VwVfG keine Rechtmäßigkeitsvoraussetzung, sondern nur Auswirkungen auf die Widerspruchs-/Klagefrist ⇨ 1 Jahr ab Bekanntgabe, Zustellung, Eröffnung oder Verkündung (§ 58 II VwGO)

RBB unrichtig

- **obligatorische Bestandteile** fehlen (§ 58 I VwGO: Bezeichnung d. Rechtsbehelfs, Adressat, Sitz und Frist, nicht Form, nicht Fristbeginn und Fristberechnung),
- bei **unrichtigen Zusätzen**, die abstrakt geeignet sind, Rechtsbehelfseinlegung zu erschweren.
  - ☞ RBB unrichtig bei unvollständigem Hinweis auf Form: nur „schriftlich“ ohne Hinweis auf Klageerhebung zu Protokoll (§ 81 I 2 VwGO), fehlender Hinweis auf elektronische Übermittlung (§ 55 a VwGO) dagegen unerheblich, da Unterfall der Schriftform i.S.d. § 81 I 1 VwGO (anders § 70 I 2 VwGO für Widerspruch), str. nach a.A. besondere Belehrung über elektronische Form erforderlich, sonst RBB unrichtig.
  - ☞ RBB unrichtig, wenn Soll-Vorgaben (§ 82 I 2 u. 3 VwGO: Antrag, Klagebegründung) zwingend formuliert („muss“).
  - ☞ Falsche Formulierung („Bekanntgabe“ statt „Zustellung“) nach h.Rspr. unschädlich (a.A. bei Übergabe-Einschreiben wegen § 4 II 2 VwZG).
  - ☞ Hinweis auf deutsche Sprache unschädlich, da zutreffend (§ 55 VwGO i.V.m. § 184 S. 1 GVG), nach a.A. unzulässiger verdeckter Hinweis auf schriftliche Abfassung.

Klagefrist (7)

Wiedereinsetzung in den vorigen Stand (§ 60 VwGO)

- **Gesetzliche Frist versäumt** (insbes. Widerspruchs- oder Klagefrist, §§ 70, 74 VwGO)
- **ohne Verschulden:** gewöhnlicher Urlaub, Krankheit, postalische Verzögerungen, § 45 III VwVfG (keine Anhörung, keine Begründung), Verschulden bloßer Hilfspersonen (es sei denn: Auswahlverschulden)

  dagegen **Verschulden** (+): falsche Adressierung, Übermittlung per Fax kurz vor Fristablauf ohne Sicherheitszuschlag, Verschulden des Bevollmächtigten (§ 173 S. 1 VwGO i.V.m. § 85 II ZPO), insbes. Organisationsverschulden des RA (ordnungsgemäße Fristen- und Ausgangskontrolle erforderlich)
- **Antrag** auf Wiedereinsetzung mit Begründung innerhalb der Antragsfrist (§ 60 II 2 VwGO bezieht sich nicht auf die Begründung, sondern nur auf Glaubhaftmachung), ggf. Wiedereinsetzung von Amts wegen nach § 60 II 4 VwGO
- **Antragsfrist:** im Normalfall 2 Wochen nach Wegfall des Hindernisses (§ 60 II 1 VwGO)
- **Glaubhaftmachung** (§ 60 II 2 VwGO), insbes. durch eidesstattliche Versicherung (§ 173 S. 1 VwGO, § 294 ZPO)
- **Nachholen** der versäumten Rechtshandlung innerhalb der Antragsfrist, § 60 II 3 VwGO (kein Wiederholen, wenn Rechtsbehelf bereits verfristet eingelegt wurde)

Klagefrist (8)

Verlust des Klagerechts durch Zeitablauf

- **Ausgangssituation**: Mangels (wirksamer) behördlicher Bekanntgabe/Zustellung laufen keine Fristen (weder §§ 70, 74 VwGO noch § 58 II VwGO),
- im Baurecht anerkannt: analog § 242 BGB verliert Nachbar nach dem Rechtsgedanken des § 58 II VwGO sein Widerspruchs-/Klagerecht ein Jahr nach Kenntnis oder zuverlässiger Kenntnisnahmemöglichkeit vom Vorliegen einer Baugenehmigung (z.B. ab Baubeginn)

  ⇨ mit Ablauf der Jahresfrist wird Baugenehmigung gegenüber Nachbarn bestandskräftig, anders als bei Verwirkung kein besonderes Umstandsmoment erforderlich.

Verwirkung des Klagerechts

- **Zeitmoment:** Berechtigter reagiert erst zu einem derart späten Zeitpunkt, zu dem nicht mehr mit einem Rechtsbehelf gerechnet werden musste (prozessuale Verwirkung) oder macht Anspruch erst nach längerem Zuwarten geltend (materielle Verwirkung)
- **Umstandsmoment:** Vertrauensgrundlage (Verhalten des Berechtigten), Vertrauenstatbestand (Recht wird aufgrund Zeitablaufs nicht mehr ausgeübt) und Vertrauensbetätigung (Kausalität!)

  ⇨ Verwirkung je nach den Umständen des Einzelfalls analog § 242 BGB auch schon vor Ablauf eines Jahres möglich

Allgemeine Sachurteilsvoraussetzungen (1)

Gerichtszuständigkeit

- **Örtliche Zuständigkeit**, § 52 VwGO: Reihenfolge

  Nr. 1: bei unbeweglichem Vermögen Belegenheit der Sache (z.B. bei Baugenehmigung)

  Nr. 4: bei beamtenrechtlichen Klagen (dienstlicher) Wohnsitz, subsidiär Sitz der Behörde

  Nr. 2: bei Anfechtungs-/Verpflichtungsklagen bei VA einer Bundesbehörde grds. Sitz der Behörde

  Nr. 3: andere Anfechtungs-/Verpflichtungsklagen grds. Bezirk des Erlasses des VA

  Nr. 5: subsidiär: Sitz, Wohnsitz oder Aufenthalt des Beklagten

- **Sachliche Zuständigkeit:**
  - i.d.R.: **VG** (§ 45 VwGO)
  - Ausnahme: **OVG/VGH** (§ 47 VwGO: Normenkontrolle; § 48 VwGO: z.B. Großvorhaben, große Windkraftanlagen an Land, landesbehördliche Vereinsverbote)
  - Ausnahme: **BVerwG** (§ 50 VwGO: insbes. nichtverfassungsrechtliche Bund-Länder-Streitigkeiten, Vereinsverbote des BMI, Vorgänge im Geschäftsbereich des BND, bestimmte Planverfahren)

- **Instanzielle Zuständigkeit:**
  - **OVG** für Berufung und Beschwerde gegen Entscheidungen des VG (§ 46 VwGO)
  - **BVerwG** für Revision (§ 49 VwGO) gegen Urteile des OVG (§ 132 VwGO) oder des VG (§§ 134,135 VwGO) und für bestimmte Beschwerden (§ 49 Nr. 3 VwGO, vgl. auch § 152 I VwGO)

Allgemeine Sachurteilsvoraussetzungen (2)

ordnungsgemäße Klageerhebung

- **§ 81 VwGO:** schriftlich (grds. eigenhändige Unterschrift, auch Telefax und Computerfax), zu Protokoll des Urkundsbeamten oder elektronisch mit qualifizierter Signatur oder auf anderem sicheren Übermittlungsweg (§ 55 a VwGO), nicht telefonisch oder einfache E-Mail.

  Bei RA und Behörden: ab 01.01.2022 zwingend elektronisch (§ 55 d VwGO), insbes. über beA (§ 55 a IV 1 Nr. 2 VwGO, § 31 a BRAO) oder beBPo (§ 55 a IV 1 Nr. 3 VwGO, § 6 ERVV), herkömmliche Übermittlung (Post o. Fax) unzulässig, es sei denn elektronische Übermittlung aus technischen Gründen vorübergehend nicht möglich (§ 55 d S. 3 VwGO).
- **Obligatorischer Inhalt:** Bezeichnung des Klägers, des Beklagten (vgl. § 78 I Nr. 1 VwGO: zur Bezeichnung des Beklagten genügt die Angabe der Behörde) und des Gegenstandes des Klagebegehrens („Streitgegenstand"), § 82 I 1 VwGO
- **Fakultativer Inhalt:** Antrag und Begründung (§ 82 I 2 u. 3 VwGO: „soll"), **Ausnahme** z.B. § 74 II AsylG, § 17 e V FSrtG, § 6 UmwRG: Pflicht zur fristgemäßen Begründung

Rechtshängigkeit/Rechtskraft

- Bei **anderweitiger Rechtshängigkeit** ist Klage mit demselben Streitgegenstand unzulässig (§ 173 S. 1 VwGO i.V.m. § 17 I 2 GVG)
- Bei **rechtskräftiger Entscheidung** über denselben Streitgegenstand ⇨ Bindungswirkung, § 121 VwGO: keine abweichende Entscheidung möglich, nach a.A. erneute Klage unzulässig

Allgemeine Sachurteilsvoraussetzungen (3)

Beteiligte

Beteiligte des verwaltungsgerichtlichen Verfahrens (im Zivilprozess: Parteien)

- **Kläger** (§ 63 Nr. 1 VwGO)
- **Beklagter** (§ 63 Nr. 2 VwGO)
- **Beigeladene** (§§ 63 Nr. 3, 65 VwGO)
  - **einfach** Beigeladene (§ 65 I VwGO): Dritte, deren rechtliche Interessen durch die Entscheidung berührt werden (können),

    ☞ Nachbar bei der Verpflichtungsklage des Bauherrn auf Baugenehmigung wegen nachbarschützender Vorschriften
  - **notwendig** Beigeladene (§ 65 II VwGO): wenn Dritte an dem streitigen Rechtsverhältnis derart beteiligt sind, dass die Entscheidung auch ihnen gegenüber nur einheitlich ergehen kann,

    ☞ Bauherr bei der Anfechtungsklage des Nachbarn gegen die dem Bauherrn erteilte Baugenehmigung, Gemeinde im Fall des § 36 BauGB, Konkurrentenverdrängungsklagen
  - **Folgen** der Beiladung:
    - Recht zu Verfahrenshandlungen gem. § 66 VwGO
    - Rechtskraftwirkung nach § 121 Nr. 1 u. Nr. 2 VwGO
    - Kostentragung/-erstattung, §§ 154 III, 162 III VwGO
- **Vertreter des öffentlichen Interesses** und Vertreter des Bundesinteresses (§ 63 Nr. 4 VwGO)

Allgemeine Sachurteilsvoraussetzungen (4)

Beteiligtenfähigkeit = Fähigkeit, **Subjekt eines Prozessrechtsverhältnisses** zu sein

- Natürliche Personen (§ 61 Nr. 1 Alt. 1 VwGO),
- Juristische Personen (§ 61 Nr. 1 Alt. 2 VwGO),
- Vereinigungen, soweit ihnen (im konkreten Rechtsstreit) ein (subjektiv-öffentliches) Recht zustehen kann (§ 61 Nr. 2 VwGO),

  ☞ BGB-Gesellschaften, nichtrechtsfähige Vereine, Kollegialorgane (Fraktionen), analog bei Einzelorganen oder Teilen von Kollegialorganen (Bürgermeister, Ratsmitglieder)
- Behörden i.V.m. Landesrecht (§ 61 Nr. 3 VwGO),

  generell in Bbg, M-V und Saar, für Landesbehörden auch in Nds, LSA und SH, gilt generell nicht für Bundesbehörden.

Prozessfähigkeit = Fähigkeit **selbst oder durch einen Bevollmächtigten** Verfahrenshandlungen vornehmen zu können

- Geschäftsfähige, insbes. volljährige Personen (§ 62 I Nr. 1 VwGO),
- in der Geschäftsfähigkeit Beschränkte (§ 62 I Nr. 2 VwGO), wenn kraft bürgerlichen Rechts (z.B. §§ 112, 113 BGB) oder öffentlichen Rechts (z.B. § 5 RelKEG) für Streitgegenstand als geschäftsfähig anerkannt.
- Für (rechtsfähige und nichtrechtsfähige) Vereinigungen und Behörden handeln ihre gesetzlichen Vertreter oder Vorstände (§ 62 III VwGO).

Allgemeine Sachurteilsvoraussetzungen (5)

Postulationsfähigkeit = Fähigkeit, selbst **wirksam Verfahrenshandlungen** vorzunehmen

- VG: jeder, der prozessfähig ist, ist auch postulationsfähig (§ 67 I VwGO) oder wahlweise Prozessbevollmächtigte (§§ 67 II VwGO)
  - ☞ Ausschluss untauglicher Prozessbevollmächtigter (§ 67 III VwGO), gilt auch bei Verstoß gegen kommunalrechtliches Vertretungsverbot
- OVG, BVerwG: Vertretungszwang (§ 67 IV VwGO), auch wenn Verfahren beim VG eingeleitet wird (§ 67 IV 2 VwGO), z.B. Antrag auf Zulassung der Berufung (§ 124 a IV VwGO)

Rechtsschutzbedürfnis

RSB fehlt, wenn Kläger **kein schutzwürdiges Interesse** an einer Sachentscheidung des Gerichts hat, z.B. wenn

- Begehren auf anderem Weg sachgerechter durchgesetzt werden kann (einfacher, umfassender, schneller oder günstiger),
- Rechtsbehelf Rechtsstellung des Klägers nicht (mehr) verbessern kann, z.B. nach Erledigung,
- Rechtsbehelf verfrüht erhoben wurde, z.B. Klage ohne vorherigen Antrag bei der Behörde,
- Rechtsbehelf offensichtlich rechtsmissbräuchlich, z.B. nur zur Schädigung des Gegners erfolgt.

Vorläufiger Rechtsschutz – Überblick

Aussetzungsverfahren, § 80 V VwGO

- **Grundsatz**:
  (Anfechtungs-)Widerspruch und Anfechtungsklage haben aufschiebende Wirkung, § 80 I 1 VwGO
  - ⇨ VA kraft Gesetzes suspendiert, VA muss nicht beachtet werden
- **Ausnahme**:
  Ausschluss der aufschiebenden Wirkung nach § 80 II VwGO
  - ⇨ VA kann vor Bestandskraft vollstreckt werden (vgl. § 6 I VwVG),
  - ⇨ VA kann durch Gericht suspendiert werden (§ 80 V VwGO)

VA mit Doppelwirkung, § 80 a III VwGO

- **Grundsatz**:
  Anfechtungswiderspruch und Anfechtungsklage haben auch beim VA mit Doppelwirkung aufschiebende Wirkung, § 80 I 2 VwGO
  - ⇨ VA kraft Gesetzes suspendiert
- **Ausnahme**:
  Ausschluss der aufschiebenden Wirkung nach § 80 II, insbes. S. 1 Nr. 3 oder Nr. 4 VwGO
  - ⇨ Behörde bzw. Begünstigter darf VA verwirklichen
  - ⇨ VA kann durch Gericht suspendiert werden (§ 80 a III VwGO

Anordnungsverfahren, § 123 I VwGO

- **Einstweilige Anordnung**
  zur Sicherung eines Rechts (§ 123 I 1 VwGO) oder zur Regelung eines streitigen Rechtsverhältnisses (§ 123 I 2 VwGO) bei Verpflichtungs-, Leistungs- und Feststellungsbegehren

Vorläufiger Rechtsschutz nach § 80 I VwGO (1)

Voraussetzungen der aufschiebenden Wirkung

- Vorliegen eines **VA** (auch rechtsgestaltend, feststellend oder mit Doppelwirkung, § 80 I 2 VwGO)
- **Anfechtungsklage** in der Hauptsache
- **Rechtsbehelf erhoben** (es gibt keine vorbeugende aufschiebende Wirkung!)
- auch bei offensichtlich unbegründetem Rechtsbehelf, **nicht** bei offensichtlicher Unzulässigkeit (keine Klagebefugnis, offensichtliche Verfristung)
- **kein Ausschluss** der aufschiebenden Wirkung nach § 80 II VwGO
- **kein Ende** der aufschiebenden Wirkung, § 80 b VwGO (mit Unanfechtbarkeit oder drei Monate nach Ablauf der Rechtsmittelbegründungsfrist)

Rechtsfolgen der aufschiebenden Wirkung

- **Strenge Wirksamkeitstheorie**: aufschiebende Wirkung hindert Rechtswirksamkeit des VA, VA wird ex nunc wirksam, wenn aufschiebende Wirkung endet
- **Eingeschränkte Wirksamkeitstheorie**: vorläufige Wirksamkeitshemmung, die ex tunc entfällt, wenn Rechtsbehelf erfolglos bleibt
- **Vollziehbarkeitstheorie** (h.M.): Wspr. und Klage lassen unbeschadet der aufschiebenden Wirkung die Wirksamkeit des VA unberührt, aufschiebende Wirkung bewirkt umfassendes Vollziehungs- und Verwirklichungsverbot (Verwirklichungshemmung), nur vorläufig, Wirkung entfällt ex tunc, wenn aufschiebende Wirkung endet (§ 80 b VwGO oder Bestandskraft)

Vorläufiger Rechtsschutz nach § 80 I VwGO (2)

Ausschluss der aufschiebenden Wirkung, § 80 II 1 VwGO

- **Nr. 1:** Anforderung von öffentlichen Abgaben und Kosten
  - **Abgaben:** Steuern, Gebühren, Beiträge und alle Geldleistungen, die zur Deckung des allgemeinen Finanzbedarf des Staates dienen
  - **Kosten:** insbes. Gebühren u. Auslagen nach feststehenden Sätzen, **nicht** Kosten der Ersatzvornahme oder der unmittelbaren Ausführung
  - **Anforderung:** auch bei unselbstständiger Kostenentscheidung, die mit der Sachentscheidung verbunden ist (str., a.A. unselbstständige Kostenentscheidungen teilen hinsichtlich der Vollziehbarkeit das Schicksal der Hauptsacheentscheidung)
- **Nr. 2:** unaufschiebbare Anordnungen und Maßnahmen von Polizeivollzugsbeamten, gilt analog bei Verkehrszeichen nach § 41 I StVO, die ein Gebot oder Verbot enthalten (Grund: Funktionsgleichheit)
- **Nr. 3:** Ausschluss durch Bundesgesetz (z.B. § 212 a I BauGB, § 63 BImSchG, § 54 IV BeamtStG, § 84 I AufenthG) oder Landesgesetz (LVwVG bzw. AGVwGO für Maßnahmen in der Verwaltungsvollstreckung), auch bei Vollstreckung nach Bundesrecht (§ 80 II 2 VwGO, z.B. Abschiebung nach §§ 58 ff. AufenthG)

  ☞ Keine aufschiebende Wirkung bei Androhung (§ 13 VwVG) oder Festsetzung (§ 14 VwVG) von Zwangsmitteln, dagegen grds. (+) bei Kostenbescheid (Ausn.: § 32 III 2 BbgVwVG, § 16 HessAGVwGO, § 59 I 2 VwVG NRW)
- **Nr. 3a:** Drittrechtsbehelfe gegen Zulassung von Vorhaben betr. Bundesverkehrswege und Mobilfunknetze
- **Nr. 4:** Anordnung der sofortigen Vollziehung im Einzelfall durch die Behörde bei überwiegendem öffentlichen Vollzugsinteresse mit besonderer Begründung (§ 80 III VwGO)

Verfahren nach § 80 V VwGO (1)

A. Zulässigkeit des Antrags nach § 80 V 1 VwGO

I. Verwaltungsrechtsweg (+), wenn in Hauptsache Spezialzuweisung oder § 40 I 1 VwGO

II. Statthaftigkeit des Antrags

1. Vollziehung eines **belastenden VA**

   ☞ Ordnungsverfügung, Stilllegungs-/Beseitigungsverfügung, Nutzungsuntersagung, Versetzung und Abordnung im Beamtenrecht, Ausweisung eines Ausländers (§ 53 AufenthG)

2. **Rechtsbehelf** erhoben (str., a.A. nach § 80 V 2 VwGO Antrag schon vor Erhebung der Anfechtungsklage zulässig, dagegen spricht: kein vorbeugender, sondern nur vorläufiger Rechtsschutz, aufschiebende Wirkung entsteht erst mit Einlegung des Rechtsbehelfs (dann aber ex tunc), § 80 V 2 VwGO meint nur Zeitraum zwischen Zurückweisung des Widerspruchs und Erhebung der Klage)

3. Rechtsbehelf hat **keine aufschiebende Wirkung**, § 80 II VwGO

⇨ **Anordnung** der aufschiebenden Wirkung bei gesetzlichem Ausschluss der aufschiebenden Wirkung (§ 80 II 1 Nr. 1 bis Nr. 3 a, II 2 VwGO)

⇨ **Wiederherstellung** der aufschiebenden Wirkung bei behördlicher Anordnung der sofortigen Vollziehung (§ 80 II 1 Nr. 4 VwGO)

⇨ **Feststellung** der aufschiebenden Wirkung bei sog. faktischem Vollzug, wenn Behörde die bestehende aufschiebende Wirkung missachtet

Verfahren nach § 80 V VwGO (2)

A. Zulässigkeit des Antrags nach § 80 V 1 VwGO (Fortsetzung)

III. Antragsbefugnis, § 42 II VwGO analog
Antragsteller muss geltend machen, durch VA in seinen subjektiven Rechten verletzt zu sein

IV. Rechtsschutzbedürfnis

1. Rechtsbehelf in der Hauptsache **nicht offensichtlich unzulässig**

   ☞ wenn Widerspruch oder Klage offensichtlich verfristet, haben Rechtsbehelfe ohnehin keine aufschiebende Wirkung (s.o. 63).

2. Vorheriger **Aussetzungsantrag** bei der Behörde nach § 80 IV VwGO

   a) Erforderlich nach § 80 VI 1 VwGO bei der Anforderung von öffentlichen Abgaben und Kosten i.S.d. 80 II 1 Nr. 1 VwGO (Ausnahme § 80 VI 2 VwGO: keine sachliche Entscheidung über Aussetzungsantrag in angemessener Frist oder bei drohender Vollstreckung)

   b) Ansonsten: unmittelbarer Antrag beim VG zulässig, behördliches Aussetzungsverfahren (§ 80 IV VwGO) und gerichtliches Aussetzungsverfahren (§ 80 V VwGO) stehen nebeneinander

3. **Keine besondere Eilbedürftigkeit** erforderlich (anders bei § 123 I 1 VwGO)

V. Grds. **keine Antragsfrist** (Ausn. im Asylrecht §§ 18a IV 1, 36 III 1 AsylG und im Verkehrswegeplanungsrecht, z.B. § 17e II 2, III 1 FStrG, § 14e II 2 WaStrG, § 10 IV 2 LuftVG, § 29 VI 3 PBefG)

VI. Antragsgegner, § 78 VwGO gilt analog

Verfahren nach § 80 V VwGO (3)

B. Begründetheit des Antrags nach § 80 V 1 VwGO

I. Bei Vollziehungsanordnung (VzA) nach § 80 II 1 Nr. 4 VwGO: **Formelle Rechtmäßigkeit der VzA**

1. **Zuständigkeit** für VzA: Ausgangs- oder Widerspruchsbehörde
2. **Verfahren:** str. ob besondere Anhörung nach § 28 I VwVfG erforderlich
   - unmittelbar (–), da VzA kein VA (bloßer Verfahrensakt ohne materielle Regelung)
   - analog (–), keine planwidrige Regelungslücke, da § 80 III VwGO abschließend (a.A. § 28 VwVfG gilt analog bei nachträglicher VzA)
3. **Form:** grds. schriftlich mit Begründung des besonderen Vollzugsinteresses, § 80 III 1 VwGO
   - **Warnfunktion**: Behörde soll sich Ausnahmecharakter vor Augen führen, einzelfallbezogene Erwägungen erforderlich, dass gerade im konkreten Fall ein besonderes öffentliches Interesse an der sofortigen Vollziehung besteht, Ausnahme: als solche bezeichnete Notstandsmaßnahme, § 80 III 2 VwGO
   - **nicht ausreichend**: Floskeln, Wiederholung des Gesetzeswortlauts, Begründung des VA (außer Behörde macht deutlich, dass Vollzugsinteresse ausnahmsweise mit Erlassinteresse identisch ist, z.B. bei Gefahrenabwehr), inhaltliche Mängel (falsche Tatsachen, unzutreffende Erwägungen) sind dagegen irrelevant

⇨ Formelle Rechtswidrigkeit der VzA führt nicht zur Wiederherstellung der aufschiebenden Wirkung, sondern nur zur **Aufhebung der VzA** (str.), damit Behörde Möglichkeit hat, eine ordnungsgemäße VzA nachzuholen.

B. Begründetheit des Antrags nach § 80 V 1 VwGO (Fortsetzung)

II. Interessenabwägung: Der Antrag ist begründet, wenn aufgrund einer umfassenden Güter- und **Interessenabwägung** davon auszugehen ist, dass das Aussetzungsinteresse des Antragstellers das öffentliche Vollzugsinteresse überwiegt.

⇨ Interessenabwägung richtet sich primär (aber nicht ausschließlich) nach den **Erfolgsaussichten in der Hauptsache**

⇨ Gericht trifft eigene Ermessensentscheidung, keine Rechtsprüfung, nur inzidente Prüfung des VA

1. **VA rechtswidrig:** kein öffentliches Vollzugsinteresse, Aussetzungsinterese überwiegt grds. **Ausnahme:** bei absehbarer Heilung (§ 45 VwVfG) oder Unbeachtlichkeit (§ 46 VwVfG)

   ⇨ Antrag begründet, ggf. zusätzlich vorläufige Folgenbeseitigung durch Aufhebung der Vollziehung, § 80 V 3 VwGO

2. **VA rechtmäßig**

   a) bei **gesetzlichem** Ausschluss (§ 80 II 1 Nr. 1–3a, II 2 VwGO): gesetzliche Wertung Vorrang des öffentlichen Vollzugsinteresse (Ausnahme nach § 80 IV 3 VwGO unmittelbar oder analog: bei ernstlichen Zweifeln an der Rechtmäßigkeit oder unbilliger Härte)

   a) bei **behördlicher** Vollziehungsanordnung (§ 80 II 1 Nr. 4 VwGO):

   - teilw. Rspr: Antrag stets unbegründet, Aussetzungsinteresse bei rechtmäßigem VA nicht schutzwürdig
   - h.M.: Antrag nur unbegründet, wenn besonderes Vollzugsinteresse vorliegt

Verfahren nach § 80 a III VwGO (1)

Verwaltungsakte mit Doppelwirkung

Begünstigender VA mit **drittbelastender** Wirkung, § 80 a I VwGO

☞ Baugenehmigung, BImSchG-Genehmigung, Erlaubnis nach GaststG, UIG u. IFG, wenn Daten Dritter betroffen

- **Grundsatz:**
  Widerspruch/Anfechtungsklage des **Dritten** haben aufschiebende Wirkung, § 80 I 2 VwGO: VA kraft Gesetzes suspendiert

  ⇨ Antrag des **Adressaten** auf Vollziehungsanordnung, § 80a III 1, I Nr. 1, 80 II 1 Nr. 4 VwGO

- **Ausnahme:**
  keine aufschiebende Wirkung, z.B. bei Baugenehmigungen gem. § 212a I BauGB oder § 63 BImSchG für große WEA an Land: VA nicht suspendiert

  ⇨ Antrag des **Dritten** auf Aussetzung der Vollziehung (und ggf. Sicherungsmaßnahmen) § 80a III 1, I Nr. 2, 80 IV VwGO

Belastender VA mit **drittbegünstigender** Wirkung, § 80 a II VwGO

☞ Stilllegungs-, Beseitigungsverfügung, Nutzungsuntersagung, Sperrzeitverlängerung nach GaststG

- **Grundsatz:**
  Widerspruch/Anfechtungsklage des Adressaten haben aufschiebende Wirkung, § 80 I 2 VwGO: VA kraft Gesetzes suspendiert

  ⇨ Antrag des **Dritten** auf Vollziehungsanordnung, § 80a III 1, II, 80 II 1 Nr. 4 VwGO

- **Ausnahme:**
  keine aufschiebende Wirkung, z.B. bei behördlicher Vollziehungsanordnung (§ 80 II 1 Nr. 4 VwGO): VA nicht suspendiert

  ⇨ Antrag des **Adressaten** auf Aussetzung der Vollziehung, § 80 IV u. V VwGO (in § 80 a II VwGO nicht geregelt)

Verfahren nach § 80 a III VwGO (2)

Antrag des Adressaten auf Anordnung der sofortigen Vollziehung, § 80 a III 1 i.V.m. I Nr. 1 VwGO

A. Zulässigkeit

I. Verwaltungsrechtsweg

II. **Statthaftigkeit** des Antrags (§ 80 a III 1 i.V.m. § 80 a I Nr. 1 VwGO)

- begünstigender VA mit drittbelastender Wirkung
- Dritter hat Rechtsbehelf erhoben
- Rechtsbehelf hat **aufschiebende Wirkung** (§ 80 I VwGO)

III. Antragsbefugnis analog § 42 II VwGO: subjektives Recht des Adressaten aus begünstigendem VA

IV. Rechtsschutzbedürfnis

nach h.M. kein vorheriger Antrag bei der Behörde erforderlich, § 80 a III 2 i.V.m. § 80 VI VwGO = Rechtsgrundverweis, gilt nur bei Abgaben-/Kostenbescheiden mit Doppelwirkung (a.A. Rechtsfolgenverweis: bei VA mit Doppelwirkung stets zunächst Antrag bei Behörde erforderlich)

V. Antragsgegner analog § 78 VwGO

B. Begründetheit

(+), wenn aufgrund umfassender Güter-/Interessenabwägung davon auszugehen ist, dass das **Vollzugsinteresse des Adressaten** das Aussetzungsinteresse des Dritten **überwiegt**,

insbes. (+) wenn VA rechtmäßig (anders als bei § 80 V VwGO kein besonderes Vollzugsinteresse des Adressaten erforderlich wegen Grundrechtsschutz),

nach h.M. auch (+) wenn VA rechtswidrig, aber kein Verstoß gegen drittschützende Vorschriften (str.)

Verfahren nach § 80 a III VwGO (3)

Antrag des Dritten auf Anordnung der sofortigen Vollziehung, § 80 a III 1 i.V.m. II VwGO

A. Zulässigkeit

I. Verwaltungsrechtsweg

II. Statthaftigkeit des Antrags (§ 80 a III 1 i.V.m. § 80 a II VwGO)

- belastender VA mit drittbegünstigender Wirkung (z.B. Nutzungsuntersagung)
- Adressat hat Rechtsbehelf erhoben
- Rechtsbehelf hat **aufschiebende Wirkung** (§ 80 I VwGO)

III. Antragsbefugnis analog § 42 II VwGO: subjektives Recht aus drittbegünstigendem VA

IV. Rechtsschutzbedürfnis
nach h.M. kein vorheriger Antrag bei der Behörde erforderlich, § 80 a III 2 i.V.m. § 80 VI VwGO = Rechtsgrundverweis, gilt nur bei Abgaben-/Kostenbescheiden mit Doppelwirkung (a.A. Rechtsfolgenverweis: bei VA mit Doppelwirkung stets zunächst Antrag bei Behörde erforderlich)

V. Antragsgegner analog § 78 VwGO

B. Begründetheit

(+), wenn aufgrund umfassender Güter-/Interessenabwägung davon auszugehen ist, dass das **Vollzugsinteresse des Dritten** das Aussetzungsinteresse des Adressaten **überwiegt**.

☞ Anspruch des Nachbarn auf Anordnung der sofortigen Vollziehung einer ihn begünstigenden Nutzungsuntersagung, wenn Anspruch auf Einschreiten und überwiegendes Vollzugsinteresse besteht.

Verfahren nach § 80 a III VwGO (4)

Antrag des Dritten auf Aussetzung der Vollziehung, § 80 a III 1 i.V.m. I Nr. 2 Hs. 1 VwGO

A. Zulässigkeit

I. Verwaltungsrechtsweg

II. Statthaftigkeit des Antrags (§ 80 a III 1 i.V.m. § 80 a I Nr. 2 Hs. 1 VwGO)

- begünstigender VA mit drittbelastender Wirkung (z.B. Baugenehmigung)
- Dritter hat Rechtsbehelf erhoben
- Rechtsbehelf hat **keine aufschiebende Wirkung**, z.B. § 80 II 1 Nr. 3 u. 3a VwGO, § 212 a I BauGB, § 63 BImSchG

III. Antragsbefugnis analog § 42 II VwGO: möglicher Verstoß gegen drittschützende Vorschrift

IV. Rechtsschutzbedürfnis

nach h.M. kein vorheriger Antrag bei der Behörde erforderlich, § 80 a III 2 i.V.m. § 80 VI VwGO = Rechtsgrundverweis, gilt nur bei Abgaben-/Kostenbescheiden mit Doppelwirkung (a.A. Rechtsfolgenverweis: zuvor stets Antrag bei der Behörde erforderlich); Streit kann i.d.R. dahinstehen, wenn Verwirklichung des VA droht (z.B. Bauherr baut) = Vollstreckung i.S.d. § 80 VI 2 Nr. 2 VwGO

V. Antragsgegner analog § 78 VwGO

B. Begründetheit

(+) wenn aufgrund umfassender Güter- und Interessenabwägung davon auszugehen ist, dass das **Aussetzungsinteresse des Dritten** das Vollzugsinteresse des Adressaten **überwiegt**,
nur (+) bei Verstoß gegen drittschützende Vorschrift, objektive Rechtswidrigkeit allein reicht nicht.

Verfahren nach § 80 a III VwGO (5)

Antrag des Dritten auf Sicherungsmaßnahmen, § 80 a III 1 i.V.m. I Nr. 2 Hs. 2 VwGO

A. Zulässigkeit

I. Verwaltungsrechtsweg

II. Statthaftigkeit des Antrags (§ 80 a III 1 i.V.m. § 80 a I Nr. 2 Hs. 2 VwGO)

- begünstigender VA mit drittbelastender Wirkung (z.B. Baugenehmigung)
- Dritter hat Rechtsbehelf erhoben
- Sicherungsmaßnahmen entweder als Annexantrag zum Aussetzungsantrag nach § 80 a I Nr. 2 Hs. 1 VwGO oder selbstständig unabhängig von Aussetzungsentscheidung (h.M.)

III. Antragsbefugnis analog § 42 II VwGO: subjektives Recht aus § 80 I 2 VwGO

IV. Rechtsschutzbedürfnis

nach h.M. kein vorheriger Antrag bei der Behörde erforderlich, § 80 a III 2 i.V.m. § 80 VI VwGO = Rechtsgrundverweis, gilt nur bei Abgaben-/Kostenbescheiden mit Doppelwirkung (a.A. Rechtsfolgenverweis: zuvor stets Antrag bei der Behörde erforderlich); Streit kann dahinstehen, da Verwirklichung des VA = Vollstreckung i.S.d. § 80 VI 2 Nr. 2 VwGO

V. Antragsgegner analog § 78 VwGO

B. Begründetheit

(+) bei Missachtung der bestehenden aufschiebenden Wirkung, keine weitere Interessenabwägung erforderlich (wie bei faktischem Vollzug durch Behörde)

Einstweilige Anordnung, § 123 I VwGO (1)

A. Zulässigkeit

I. Verwaltungsrechtsweg

II. Statthaftigkeit des Antrags nach Antragsbegehren (§§ 122 I, 88 VwGO)

- Kein Fall der §§ 80, 80 a VwGO wegen Subsidiarität gem. § 123 V VwGO
- Verpflichtungs-, Leistungs- oder Feststellungsbegehren
  - Anspruch auf begünstigenden VA (z.B. Baugenehmigung, Zulassung zu öffentl. Einrichtungen)
  - Abwehr von Maßnahmen ohne VA-Qualität (z.B. Verhinderung einer Umsetzung im Beamtenrecht, nicht bei Versetzung oder Abordnung, da VA, vgl. § 126 IV BBG, § 54 IV BeamtStG)
  - Unterlassung von VAen oder sonstigem (schlichten) Verwaltungshandeln (z.B. Verhinderung der Ernennung eines Konkurrenten im Beamtenrecht)
  - Streitigkeiten im verwaltungsrechtlichen Organstreit (z.B. Kommunalverfassungsstreitverfahren gegen Ausschluss eines Ratsmitglieds wegen angeblicher Befangenheit)

III. Antragsbefugnis analog § 42 II VwGO: mögliche Rechtsverletzung

IV. Rechtsschutzbedürfnis

- vorheriger erfolgloser Antrag bei der Behörde (außer bei besonderer Eilbedürftigkeit)
- Hauptsache nicht offensichtlich unzulässig, z.B. RSB (–) bei offensichtlicher Verfristung
- qualifiziertes RSB bei vorbeugenden vorläufigen Rechtschutz, um künftige Verwaltungsmaßnahme zu verhindern, RSB nur (+), wenn Abwarten unzumutbar

V. Antragsgegner = Klagegegner in der Hauptsache (§ 78 VwGO analog bzw. Rechtsträgerprinzip)

Einstweilige Anordnung, § 123 I VwGO (2)

B. Begründetheit

(+) wenn tatsächliche Gründe für Anordnungsanspruch und Anordnungsgrund glaubhaft gemacht sind.

- **Sicherungsanordnung** (§ 123 I 1 VwGO): Sicherung einer vorhandenen Rechtsposition (Sicherung des status quo)
- **Regelungsanordnung** (§ 123 I 2 VwGO): Erweiterung des Rechtskreises (Veränderung des status quo)

I. Anordnungsanspruch

- § 123 I 1 VwGO: Recht des Antragstellers = Anspruch
- § 123 I 2 VwGO: streitiges Rechtsverhältnis, auch Bestehen eines Anspruchs

⇨ **Anordnungsanspruch ist identisch mit dem Anspruch in der Hauptsache**

II. Anordnungsgrund

- § 123 I 1 VwGO: drohende Rechtsvereitelung oder wesentliche Rechtserschwerung
- § 123 I 2 VwGO: Regelung zur Nachteilsabwendung nötig

⇨ **allgemeine Interessenabwägung**, ob Abwarten des Hauptsacheverfahrens unzumutbar

III. Glaubhaftmachung, insbes. durch eidesstattliche Versicherung (§ 123 III VwGO, §§ 920 II, 294 ZPO)

IV. Rechtsfolge: gebundene (Rechts-)Entscheidung, Ermessen nur bzgl. Inhalt der e.A. (str.)

- grds. keine Vorwegnahme der Hauptsache (Ausn. bei Rechtsvereitelung wegen Art. 19 IV GG)
- grds. nicht mehr als in der Hauptsache (str. bei Bescheidungsansprüchen)

Rechtsmittel der VwGO – Überblick (1)

Begrifflichkeiten

- **Rechtsbehelfe:** alle prozessualen Mittel zur Verwirklichung eines Rechts (auch Widerspruch, Klage)
- **Rechtsmittel:** alle Rechtsbehelfe, die der Überprüfung einer gerichtlichen Entscheidung dienen und die grds. Suspensiveffekt und Devolutiveffekt haben
  - **Berufung** (§§ 124–130 b VwGO)
  - **Revision** (§§ 132–144 VwGO)
  - **Beschwerde** (§§ 146–152 VwGO)

Berufung

⇨ Überprüfung von VG-Urteilen in **rechtlicher und tatsächlicher Hinsicht** (§§ 128, 128 a VwGO)

- generell **Zulassungsberufung** (§ 124 I VwGO): Berufung nur zulässig, wenn vom VG oder OVG zugelassen, **Zulassungsgründe** abschließend in § 124 II VwGO (ernstliche Zweifel an der Richtigkeit, besondere tatsächliche/rechtliche Schwierigkeiten, grundsätzliche Bedeutung, Diverenz, Verfahrensverstoß)
- **Antrag auf Zulassung der Berufung** durch OVG vorgeschaltet, wenn VG Berufung nicht zugelassen hat, § 124 a IV VwGO – Frist: 1 Monat, Begründung: 2 Monate nach Zustellung des Urteils
  - OVG lehnt Berufungszulassung ab: Urteil wird rechtskräftig (§ 124 a V 4 VwGO)
  - OVG lässt Berufung zu: Zulassungsverfahren wird als Berufungsverfahren fortgesetzt (§ 124 a V 5 VwGO)

Rechtsmittel der VwGO – Überblick (2)

Revision

⇨ Überprüfung von OVG-Urteilen (§ 132 I VwGO) bzw. OVG-Beschlüssen (nach § 47 V 1 Alt. 2 VwGO), ggf. auch VG-Urteilen (§§ 134, 135 VwGO), **nur in rechtlicher Hinsicht**

- generell **Zulassungsrevision**; Revision nur zulässig, wenn vom OVG (§ 132 I VwGO) oder vom VG (§§ 134 I VwGO, sog. Sprungrevision) zugelassen, **Zulassungsgründe** abschließend in § 132 II VwGO, Einlegungsfrist: 1 Monat (§ 139 I VwGO), Begründungsfrist: 2 Monate nach Zustellung des Urteils (§ 139 III VwGO)
- **Zulassungsgründe**, § 132 II VwGO:
  - rechtsgrundsätzliche Bedeutung (Grundsatzrevision)
  - Abweichung von obergerichtlicher Entscheidung (Divergenzrevision)
  - Urteil beruht auf Verfahrensmangel (Verfahrensrevision)
- Bei Nichtzulassung: **Nichtzulassungsbeschwerde** (§ 133 VwGO), Einlegungsfrist: 1 Monat (§ 133 II VwGO), Begründungsfrist: 2 Monate nach Zustellung des Urteils (§ 133 III VwGO), bei Erfolg wird Beschwerdeverfahren als Revisionsverfahren fortgesetzt (§ 139 II VwGO)
- **Revisionsgründe**
  - absolute Revisionsgründe (§ 138 VwGO), z.B. Verstoß gegen Art. 101 I 2, Art. 103 I GG
  - relative Revisionsgründe (§ 137 VwGO): Verletzung von Bundesrecht oder wortlautidentischem LVwVfG, i.Ü. Landesrecht nicht revisibel (Ausn. § 127 Nr. 2 BRRG im Beamtenrecht)

Rechtsmittel der VwGO – Überblick (3)

Beschwerde

⇨ Überprüfung von Beschlüssen des VG (z.B. nach §§ 80 V, 80 a III, 123 VwGO) in **rechtlicher und tatsächlicher Hinsicht**, Beschwerde bei Beschlüssen des OVG nur in den Fällen des § 152 VwGO

- **Statthaftigkeit:** alle Entscheidungen des VG, die nicht Urteile (§§ 107 ff. VwGO) oder Gerichtsbescheide (§ 84 VwGO) sind (§ 146 I VwGO), insbes. also Beschlüsse
  - kein Ausschluss nach § 146 II u. III VwGO (insb. für prozessleitende Verfügungen, verfahrensleitende Beschlüsse)
  - Ausschluss kraft besonderer Regelung (z.B. §§ 65 IV 3 VwGO, 92 III 2 VwGO)
  - keine Untätigkeitsbeschwerde, nur Verzögerungsrüge nach § 173 S. 2 VwGO i.V.m. § 198 III GVG als Voraussetzung für Entschädigungsanspruch wegen überlanger Verfahrensdauer, § 198 I GVG
- **Form und Frist** (§ 147 VwGO): schriftlich oder zu Protokoll innerhalb von 2 Wochen nach Bekanntgabe, bei Eilbeschlüssen (§§ 80 V, 80 a III, 123 VwGO) zusätzlich Begründung nach § 146 IV VwGO innerhalb 1 Monats, OVG prüft nur die dargelegten Gründe (§ 146 IV 6 VwGO)

Anhörungsrüge

außerordentlicher Rechtsbehelf bei entscheidungserheblichem **Verstoß gegen Art. 103 I GG**, wenn Rechtsmittel oder anderer Rechtsbehelf gegen Entscheidung nicht gegeben ist, § 152 a VwGO – Voraussetzung für Verfassungsbeschwerde (Rechtswegerschöpfung, § 90 II BVerfGG)

Widerspruchsverfahren (1)

Funktion

⇨ Überprüfung von Verwaltungsakten auf **Rechtmäßigkeit** und **Zweckmäßigkeit** (§ 68 I 1 VwGO)

- **Rechtsschutz** für den Bürger → aufschiebende Wirkung (§ 80 I VwGO)
- **Selbstkontrolle** der Verwaltung
- **Entlastung** der Gerichte

Arten

- **Anfechtungswiderspruch** (§ 68 I 1 VwGO) gegen belastenden VA
- **Verpflichtungswiderspruch** (§ 68 II VwGO), wenn VA abgelehnt wurde (kein Untätigkeitswiderspruch, nur Untätigkeitsklage, § 75 VwGO)
- **Leistungswiderspruch** nur im Beamtenrecht (§ 126 II 1 BBG, § 54 II 1 BeamtStG) gegen jedes Tun oder Unterlassen des Dienstherrn sowie gegen jeden von ihm zu verantwortenden Zustand
- **Feststellungswiderspruch** nur im Beamtenrecht (§ 126 II 1 BBG, § 54 II 1 BeamtStG) auf Feststellung des Bestehens oder Nichtbestehens eines Rechtsverhältnisses bzw. einzelner Rechte oder Pflichten
- grds. **kein Fortsetzungsfeststellungswiderspruch** nach Erledigung des VA, sondern unmittelbar Fortsetzungsfeststellungsklage (§ 113 Abs. 1 S. 4 VwGO), s.o. 🗗 39,
  Ausnahme: im Beamtenrecht wegen § 126 II 1 BBG, § 54 II 1 BeamtStG Fortsetzungsfeststellungswiderspruch grds. erforderlich (Ausn. bei Landesbeamten kraft Landesrechts, § 54 II 3 BeamtStG).

Widerspruchsverfahren (2)

Ablauf

- **Vorverfahren** beginnt mit der Erhebung des **Widerspruchs** (§ 69 VwGO).
- **Abhilfeverfahren** vor der Ausgangsbehörde (§ 72 VwGO)
  - **Abhilfebescheid**, wenn Ausgangsbehörde Widerspruch für zulässig und begründet hält,
  - **Vorlage an Widerspruchsbehörde**, wenn Ausgangsbehörde Widerspruch für unzulässig und/oder unbegründet hält → keine Verwerfungskompetenz der Ausgangsbehörde
- **Widerspruchsbescheid** durch Widerspruchsbehörde bei Nichtabhilfe (§ 73 I 1 VwGO)
  - grds. **nächsthöhere Behörde** (§ 73 I 2 Nr. 1 VwGO)
  - **Ausgangsbehörde** selbst (d.h. Identität von Ausgangs- und Widerspruchsbehörde),
    - -- wenn nächsthöhere Behörde eine oberste Bundes- oder oberste Landesbehörde ist (§ 73 I 2 Nr. 2 VwGO) → Ober- bzw. Mittelbehörden sind i.d.R. selbst Widerspruchsbehörde
    - -- in Selbstverwaltungsangelegenheiten (§ 73 I 2 Nr. 3 VwGO), soweit nicht durch Gesetz anderes bestimmt wird

      ☞ Art. 118 Nr. 1 BayGO, § 17 AGVwGO BW, § 6 AGVwGO RP, § 8 Saarl AGVwGO, § 10 ThürAGVwGO
    - -- bei besonderer gesetzlicher Regelung (§ 73 I 3 VwGO)

      ☞ § 16 a IV HessAGVwGO, § 111 JustG NRW
    - -- ggf. Widerspruchsausschüsse (§ 73 II VwGO i.V.m. Landesrecht)

Widerspruchsverfahren (3)

A. Zulässigkeit des Widerspruchs

I. Verwaltungsrechtliche Streitigkeit (Spezialregelung oder § 40 I 1 VwGO analog)

II. Statthaftigkeit des Widerspruchs

1. Widerspruch als **Sachurteilsvoraussetzung** für Klage

- Anfechtungswiderspruch, § 68 I 1 VwGO
- Verpflichtungswiderspruch, § 68 II VwGO
- Leistungs- und Feststellungswiderspruch im Beamtenrecht, § 126 II 1 BBG, § 54 II 1 BeamtStG

2. Kein Ausschluss des Vorverfahrens

- kraft (Bundes- oder Landes-)**Gesetzes**, § 68 I 2 Hs. 1 VwGO
  ☞ §§ 74, 70 VwVfG, § 11 AsylG, Art. 15 II BayAGVwGO, § 16 a HessAGVwGO, § 80 NJG, § 110 JustG NRW, § 54 II 3 BeamtStG i.V.m. Landesrecht
- VA einer **obersten** Bundes- oder obersten Landesbehörde, § 68 I 2 Nr. 1 VwGO
  ☞ VA eines Bundes- oder Landesministeriums, Gegenausnahme z.B. in § 126 II 2 BBG, § 54 II 2 BeamtStG
- erstmalige (oder zusätzliche) Beschwer durch Abhilfebescheid oder Widerspruchsbescheid, § 68 I 2 Nr. 2 VwGO → kein mehrfaches Widerspruchsverfahren
- nach Erledigung kein Fortsetzungsfeststellungswiderspruch (str.), außer im Beamtenrecht 🗗 79

III. Widerspruchsbefugnis analog § 42 II VwGO: mögliche Rechtsverletzung oder (wegen Zweckmäßigkeitsprüfung) mögliche Interessenbeeinträchtigung (wenn Ermessensnorm zumindest auch den Interessen des Widerspruchsführers zu dienen bestimmt ist)

Widerspruchsverfahren (4)

A. Zulässigkeit des Widerspruchs (Fortsetzung)

IV. Form (§ 70 I 1 VwGO): schriftlich, elektronisch nach § 3 a II VwVfG oder zur Niederschrift bei der Behörde

V. Frist (§ 70 I 1 VwGO): bei Ausgangsbehörde oder Widerspruchsbehörde (§ 70 I 2 VwGO)

- **1 Monat nach Bekanntgabe** (§ 57 II VwGO, § 222 I ZPO, § 188 II BGB – prozessuale Lösung, nach a.A. verfahrensrechtliche Lösung: §§ 79, 31 I VwVfG, § 188 II BGB) → sachlich kein Unterschied
- 1 Jahr bei fehlender oder unrichtiger RBB (§§ 70 II, 58 II VwGO), ⧉ 53
- bei **fehlender Bekanntgabe**: keine Frist, aber Verlust des Widerspruchsrechts durch Zeitablauf 1 Jahr ab (möglicher) Kenntnis (Rechtsgedanke des § 58 II VwGO) oder durch Verwirkung analog § 242 BGB, s.o. ⧉ 56
- **Heilung der Verfristung** durch sachliche Entscheidung der Widerspruchsbehörde
  - nach h.M. beim Adressatenwiderspruch möglich (nicht bei Drittwiderspruch), da Widerspruchsbehörde „Herrin des Vorverfahrens"
  - a.A.: § 70 VwGO steht nicht zur Disposition der Widerspruchsbehörde, da auch zur Entlastung des Gerichts, Verfristung kann nur durch Wiedereinsetzung in den vorigen Stand nach §§ 70 II, 60 VwGO geheilt werden

VI. Widerspruchsinteresse (Rechtsschutzbedürfnis),
insbes. (–) nach Erledigung (nach a.A. Widerspruch bereits unstatthaft, s.o. ⧉ 79)

Widerspruchsverfahren (5)

B. Begründetheit des Widerspruchs

- VA **rechtswidrig** und **Rechtsverletzung** beim Widerspruchsführer (analog § 113 I 1, V 1 VwGO), bei Drittwiderspruch nur (+) bei Verletzung drittschützender Vorschriften
- VA **unzweckmäßig** und **Interessenbeeinträchtigung** beim Widerspruchsführer (nur bei Ermessens-VA)

I. Grds. **unbeschränkte Kontrollbefugnis**

- Keine Bindung an Tatsachenfeststellungen und Rechtsauffassung der Ausgangsbehörde
- Nachschieben von Gründen uneingeschränkt zulässig
- Eigener Beurteilungsspielraum bei unbestimmten Rechtsbegriffen (Ausnahme situationsabhängige Entscheidung, z.B. Prüfungsgespräch)
- Widerspruchsbehörde trifft **eigene Ermessensentscheidung**, nicht nur Überprüfung auf Ermessensfehler (§ 114 S. 1 VwGO gilt nicht!)

II. Heilung von Form- und Verfahrensfehlern (§ 45 VwVfG), z.B. nachträgliche Anhörung oder Begründung

III. Entscheidungserheblicher Zeitpunkt: Erlass des Widerspruchsbescheides, Widerspruchsbehörde muss zwischenzeitliche Rechts- und Tatsachenänderungen berücksichtigen → ursprünglich rechtswidriger VA kann rechtmäßig werden, ursprünglich rechtmäßiger VA kann rechtswidrig werden.

Ausnahme: Beim Widerspruch des Nachbarn im Baurecht dürfen nachträgliche Änderungen **zulasten** des Bauherrn nicht berücksichtigt werden (wg. Art. 14 GG, Bestandsschutz), wohl aber solche zugunsten des Bauherrn.

Widerspruchsverfahren (6)

Reformatio in peius

⇨ **Änderung** der Entscheidung im Rechtsbehelfsverfahren **zum Nachteil des Rechtsbehelfsführers**

- im **gerichtlichen Verfahren** grds. unzulässig (§ 88 VwGO), außer bei Anschlussrechtsbehelfen des Prozessgegners (§§ 127, 141 VwGO)
- im **Widerspruchsverfahren** str.
  - nach h.M. zulässig: Kontrollfunktion des Widerspruchsverfahrens, umfassende Recht- und Zweckmäßigkeitsüberprüfung, gesicherte Rechtsposition entsteht erst mit Bestandskraft des VA,
  - a.A. unzulässig: Risiko der Verböserung bewirkt Einschränkung des Rechtsschutzes (Art. 19 IV GG), §§ 48, 49 VwVfG für nachträgliche Änderungen abschließend.
- **Zuständigkeit** der Widerspruchsbehörde für Verböserung
  - unproblematisch bei Identität von Ausgangs- und Widerspruchsbehörde
  - i. Ü. Devolutiveffekt reicht nicht, gilt nur für Entscheidung über den Widerspruch
  - für Verböserung nur (+) bei Selbsteintrittsrecht oder Annex zur Fachaufsicht
- **Ermächtigungsgrundlage** für Verböserung
  - **§§ 68 ff. VwGO (–)**, regeln Verböserung weder positiv noch negativ
  - **§§ 48, 49 VwVfG (–)**, Widerspruchsbehörde hat nicht nur die Entscheidungskompetenz nach Erlass des VA, sondern die ursprüngliche Entscheidungskompetenz der Ausgangsbehörde
  - deshalb **Ermächtigungsgrundlage der Ausgangsbehörde:** zulässig aber nur quantitative Änderung des AusgangsVA, keine selbstständigen neuen Verwaltungsakte

Notizen

Notizen

Notizen